絶景
サウナ旅

川邊実穂
写真 佐々木麻帆

三笠書房

はじめに

サウナ好きの皆さま、これからサウナを好きになる皆さま、
はじめまして、川邊実穂と申します。
普段は会社員として働いていて、サウナ好きが高じてサウナライターとして活動をしています。

この本では、絶景とともにサウナを楽しめる施設、
そしてプライベートで楽しめる貸切施設など、
私がおススメする国内のサウナ施設を計70軒、豊富な写真とともにご紹介しています。
いずれも男女で一緒に入れる施設にこだわってピックアップしました。
それは、一人でも多くの方にサウナの魅力を知っていただきたいから。
気分が落ち込んだとき、自分を元気にする選択肢の一つとして、サウナを思いだしてほしい。
そしてサウナに入るきっかけとして、「絶景」や「プライベート」は相性がいい、と思ったからです。

私も、気持ちが凹む日はあります。

でも、サウナと出合ってからは、「サウナがあるから、大丈夫」と思えるようになりました。

冷えきった心身は、サウナで芯《しん》から温まり、水風呂でシャキッと引きしまる。

そして内気浴や外気浴では、呼吸のペースに身を委ね、
優しい風を全身で感じているうちに心もほぐれていく。

うまくいかないことも含めて、
頑張った自分を労《いたわ》り、認め、抱きしめることができる――。
これが、私がサウナをこよなく愛する理由です。

あなたもぜひ、大切な友人やパートナー、ご家族と一緒に、
サウナ旅に出かけてみてください。
気兼ねなくおしゃべりをして、そこでしか出合えない絶景に魅了され、
心身ともにリラックスしていく感覚を味わっていただければと思います。

本書に掲載したサウナは、どれ一つとして同じものはありません。
透明度が高くやわらかな水、緑豊かな森や樹々と、どこまでも広がる青空に星空。
絶景を求めてサウナを巡るのは、日本の美しさを再発見する旅でもあります。
掲載された写真は、フォトグラファー佐々木麻帆さんの撮り下ろし。
とっておきの写真も楽しんでいただきながら、ご自身の気持ちの赴くままに
旅の行く先を決めていただけたらと思います。

日本中の素敵なサウナが、あなたを待っています。

SKY

自然が生みだす一瞬の芸術
天空のパレットに心ときめいて

Private

絶景サ旅のその後は…
貸切できる とっておきのサウナたち

本文イラストレーション 熊木まりこ

INFORMATION 住所 電話 営業時間 休業日 ¥料金 アクセス 予約方法

Contents

Green

眩しい緑は生命の息吹
さあ、エネルギーチャージの旅へ!

water

世界中から熱視線!
豊かな水資源をサウナのために…

※本文中に記載の施設情報は2023年12月現在の情報です。特別な記載がない限り、宿泊料金は一泊素泊まり、一人あたりの最低料金税込み表記です。価格はシーズンにより変動します。ご利用の際は、各施設に最新情報をお問い合わせの上、ご予約ください。

Green

眩しい緑は生命の息吹
さあ、エネルギーチャージの旅へ！

沖縄本島北部、那覇空港から車で1時間半ほど北上すると現れるのが、〝日本一野性的なサウナ〟と呼ばれる「亜熱帯サウナ」。敷地面積約2000坪の広大な森を切り拓《ひら》き、オーナーが従業員たちと1年かけて手作りしたというサウナは、原生林そのままのような森の中で、自然と共生しながら癒やされる、夢のような楽園サウナだった。

沖縄

原生林を楽しめる地上の楽園

亜熱帯サウナ

「20代の頃、タイのサムイ島で〝タマリンドスパ〟に出合い、サウナや川の水風呂、タイ式マッサージに感動したんです。同じような場所を日本に作りたいと、思いきって沖縄に移住しました」

こう振り返るのは、「亜熱帯サウナ」のオーナー坂本さん。夢へのファーストステップとして、2015年に「亜熱帯茶屋」をオープン。人気店となったが、折からのコロナで大打撃を受けた。有り余る時間の中、坂本さんはかねてからの夢を思いだす。山を丸ごと使った楽園のような場所を作りたい、と。

東京ドーム約1個分の山を借り、鬱蒼《うつそう》としたジャングルを少しずつ切り拓《ひら》くと、薄暗かった空間に日の光が差しこんだ。従業員の力を合わせて、約1年。〝日本一野性的なサウナ〟が誕生した。

本当にここは日本なんだろうか。水瓶《みずがめ》には色鮮やかなハイビスカスの花がいっぱいに浮かぶ。石造りの入口を抜けると、目的のサウナはあった。

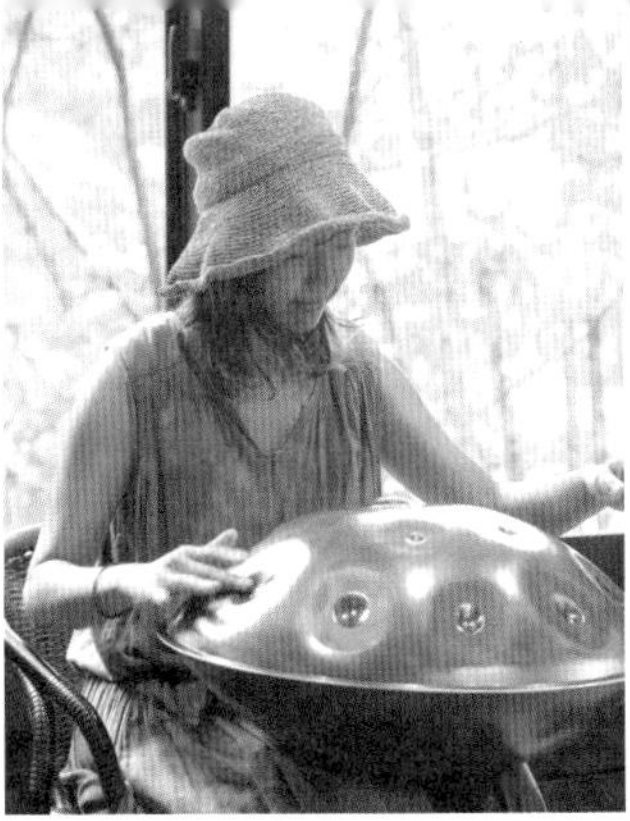

毎週土曜、休憩エリアで演奏されるハンドパンは、優しくて儚《はかな》い音色にちょっと泣けてくる

２００kg近い石を積んだ薪ストーブは、グングン温度を上げていく。熱波師「徐々にととのうカズキさん」によるプログラムは、まずロウリュ水が蒸気に変わる音と熱をゆっくり楽しみ、フレッシュな亜熱帯の空気を全身に取りこむ。そこから一気に温度を上げて、熱気を塊《かたまり》で送りだす。熱とともに部屋中を満たすのは、レモンユーカリの爽《さわ》やかな香りだ。

熱々のサウナ室を飛びだしたら、大自然の湧き水を引いた水風呂へ。少し歩けば沢もあるので、川ドボンならぬ〝ジャングルドボン〟も味わえる。

テラスにあるベンチやブランコ、ハンモックに腰かければ、力強くて神秘的な森のパワーが全身に満ちていく。

「今はまだスタート地点。誰も見たことのない場所をめざして、お客様に極上の癒やし空間を提供するので、楽しみにしていてください」と語る坂本さん。

亜熱帯サウナは、まだまだ発展途上。これからもっと進化する。

INFORMATION

亜熱帯サウナ

〒905-0221 沖縄県 国頭郡本部町 伊豆味2599

050-8885-0691　11:00 ～ 20:30　休 木曜

¥【一棟貸切】平日27,500円／土日祝33,000円
（13人以上から追加料金発生）
【一般利用】平日2,750円／土日祝3,300円

【車】那覇空港より約1時間30分／美ら海水族館より約25分

電話より

北海道

手つかずの自然と湖
荘厳な景色に浸る贅《ぜい》沢《たく》

屈斜路湖《くっしゃろこ》サウナ倶楽部《くらぶ》

広大な北海道の東部内陸に位置する弟子《てし》屈《かが》町《ちょう》。阿寒摩周国立公園の中にあり、屈斜路湖《くっしゃろこ》と摩周湖《ましゅうこ》を抱える、まさに自然と共生する町だ。

「神々が宿る」とも評される屈斜路湖のほとりに、自然を活かした素晴らしいサウナがあると聞き、お邪魔することに。

そこには北海道らしい、どこまでも広がる雄大な自然が私たちを待ち受けていた——。

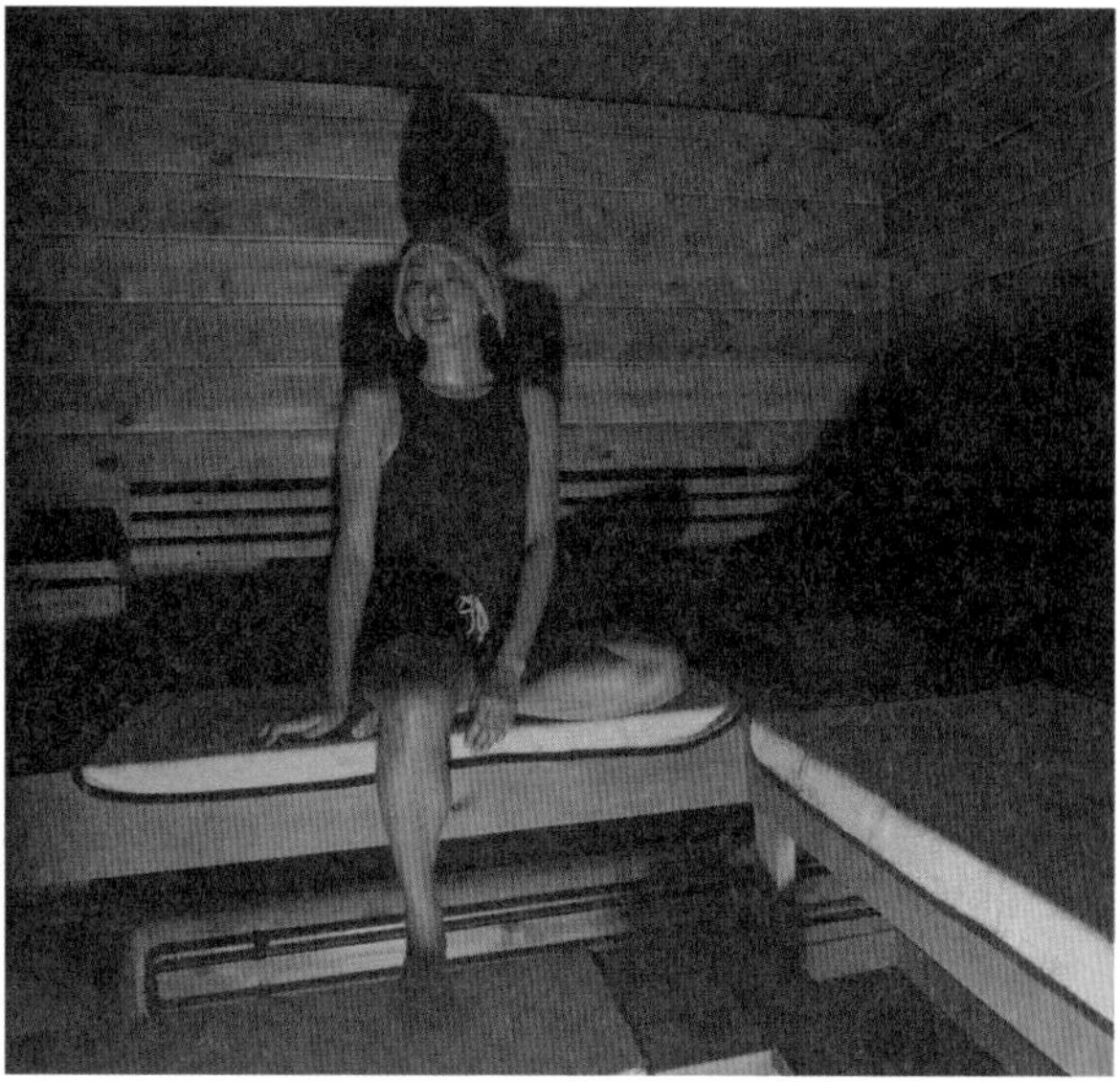

特注で作られたサウナ室は外からの光がほとんど入らず、瞑想にもぴったり／ロウリュ水は北海道産アカマツのアロマオイルを入れて。特別な香りに深く息を吸い込みたくなる

夜に車を走らせていると、何十頭もの鹿と遭遇した。住民より鹿の数が圧倒的に多いという弟子屈町《てしかがちょう》ならではの光景だ。そんな弟子屈町・屈斜路湖《くっしゃろこ》のほとりに、大のサウナ好きオーナーが手がけたサウナがあると聞いて足を運んだ。その名も「屈斜路湖サウナ倶楽部《くらぶ》」だ。

サウナ室に入ると、まず室内の暗さに驚く。薪ストーブからの灯《あか》りを感じてもらうため、できるだけ光源を絞っているのだ。部屋の湿度を一定に保つために、外から温泉を引き込み、贅沢にも掛け流している。温泉のちょろちょろ……という音に意識を集中していると、そこにカラマツの爆《は》ぜる音が重なり、絶妙なハーモニーを奏でた。

ストーブの薪のくべ方は、事前に丁寧《ていねい》なレクチャーを受けられるので、初めてでも安心してトライできる。ロウリュ用のアロマには、地元で採れた北海道アカマツのオイルを。ここでしか味わえない香りを堪能《たんのう》しよう。さぁ、次はお待ちかねの水風呂だ。

屈斜路湖サウナ倶楽部

深さ170cmの味噌樽《みそだる》の水風呂は、ライフジャケットの貸し出しもあるので、安心して楽しめる

サウナはトレーラーハウスを改装。少しでも自然の雰囲気を出せるように、壁には木片があしらわれている／屈斜路湖は国内最大規模を誇るカルデラ湖。フライフィッシングの名所でもあるが、その中でもこのエリアは人が少ないため、静かな湖畔を貸切状態で楽しめる

かつて世界一の透明度を誇った摩周湖《ましゅうこ》の伏流水を、高さ170㎝の味噌樽《みそだる》に溜めこんだ自慢の水風呂は、圧巻。光が差すと真っ青な摩周ブルーが樽の中に再現され、息をのむ美しさだ。20度のぬるま湯も用意されており、気分に合わせて選べる配慮が嬉しい。

外気浴では手つかずの自然を眺めて。「倒木から新たな命が芽吹くこともあるため、あえてそのままにしています。秋にはエゾリスや、鹿が紛れこむこともあるんですよ」と、店長の木村さんは笑う。

そしてもう一つの水風呂と外気浴が、歩いてすぐの屈斜路湖だ。風の鳴る音と鳥のさえずりだけが響く静かな世界を独り占めできる。「屈斜路湖の砂浜を掘ると、実は温泉が出るんです。冬にはロシアから沢山の白鳥が暖を求めてやって来て、幻想的な風景が広がりますよ」（木村さん）。

サウナ初心者もサウナ通も、一緒に楽しめるのが屈斜路湖サウナ倶楽部。ここで過ごすひとときは、忘れられない思い出になるはずだ。

INFORMATION

屈斜路湖《くっしゃろこ》サウナ倶楽部《くらぶ》

〒088-3331 北海道川上郡弟子屈町美留和1-33
050-3171-8597
9:00 ～ 18:00【宿泊】[IN]16:00 [OUT]11:00 【サウナ利用】[宿泊] 17:00 ～翌10:00 [日帰り]13:00 ～ 15:00 休 不定休
¥【宿泊】110,000円（1棟貸切、6人まで）【日帰りサウナ】19,800円/1 ～ 6人まで
【車】JR摩周駅より約25分／女満別空港より約1時間 HPより

茨城

初めてなのに なぜか懐かしい 〃昭和レトロ〃を 感じる旅

コアミガメ

茨城って、こんなに広いんだ……。思わず声が漏れた。つくば、水戸、ひたちを越えて、常磐《じょうばん》自動車道高萩《たかはぎ》インターチェンジを降りて約20分。里山の風景が広がる山道をしばらく進むと、お手製の小さな看板が見えてきた。今回の旅の目的地、「コアミガメ」だ。

歴史ある古民家から漂う昭和レトロな雰囲気が、疲れを癒やす〝帰りたくなる場所〟をつくっていた。

重厚感のあるカッコいいサウナストーブは長野のMOKI製作所製／コアミガメの看板犬「スライリー」は穏やかで人懐っこい性格がお客さんから大人気！

「コアミガメ」は昭和10年代に建てられた蔵を改装して生まれたサウナだ。オーナーのキョロさんこと山形さんは、「The Sauna」（p.24参照）に惚れこみ、サウナビルダーの野田さんにプロデュースをお願いした。だからだろう、「The Sauna」に通ずる骨太な魅力をもった、本格フィンランドサウナが楽しめる。

サウナ室はまぁるい洞窟《どうくつ》のような内装が可愛らしく、漆喰《しっくい》で塗り固められた天井にぺたりと手を当てると、手のひらからじんわり熱が伝わってくる。

MOKI製作所のサウナストーブで勢いよく燃えるのは辺りに自生する竹や杉。その香りを味わいたくて、自然と呼吸も深くなる。枕で寝サウナをすれば、そのまま眠ってしまいそうだ。目をつむると、右から木が爆《は》ぜる音、左からはやわらかな川のせせらぎが聞こえてくる。そう、コアミガメの水風呂は、県内最大の大北川《おおきたがわ》。サウナから出ると、看板犬のスライリーが道案内を買って出てくれた。

このロケーションでいただくイワナの炙り焼きは最強のサ飯！／サウナの後には梅ジュースをポカリスエットで割った「ウメポ」を。湯のみになみなみと注ごう／壁には新年会の「書き初め」がずらり

大きな石を枕にして川で寝っ転がると、頭上高くまで木々の緑が広がる。遊びたそうに寄ってきたスライリーを見て「小石を投げると喜びますよ」とキョロさん。言われるがまま石を放ると、楽しそうに飛びまわるスライリーに、みんなで声を上げて笑った。

ハンモックに揺られてとろけてしまいそうになったら、梅ジュースをポカリスエットで割った「ウメポ」で水分補給。そして七輪でじっくり炙《あぶ》ったイワナに齧《かじ》りつく。あゝ、これ以上何もいらない！

壁には新年に書かれた書き初めがずらりと並ぶ。誰もが憧れを抱く、田舎のおばあちゃん家《ち》みたい。そう、ここは初めて来たのにどこか懐かしさを感じずにはいられない、不思議な場所なのだ。「100年も200年も続いていくような、みんなの居場所にしたい」というキョロさんの言葉は、そっと私の中に根を下ろす。「また来るね」と大きく手を振ってコアミガメを後にした。うん、きっとまた。

この看板が目印！

INFORMATION

コアミガメ

〒318-0106 茨城県高萩市下君田741

080-7557-0127

10:00～／14:00～(3時間貸切)

休 火・水・木曜

¥【平日】25,000円/棟(6人まで)

【土日祝】30,000円/棟(6人まで)

【車】常磐自動車道高萩ICより約20分　HPより

長野

魅力を更新し続ける〝聖地〟の情熱と誇り

The Sauna

5番目の施設ということで、サウナ小屋自体が五角形に！／天井には、蒸気の流れを作るために仕切り板を設置した他、薪ストーブの裏側には新鮮な外気を取り込むダクトを完備。随所に見えるこだわりが素晴らしいサウナ体験を生む

5号棟の「ヴィーシ（Viisi）」に入った感想は「あ、あったかい」。そう、あったくてほっとする。それがサウナの神髄だと思いだす。

「5号棟は他の4棟とは全く違うものにしたくて。どんな特徴をもたせるか、すごく悩みました」と、サウナビルダーのサラマンダー小野さんは語る。3年間「The Sauna」のサウナチームとして活動を続け、エストニアやフィンランドなどの海外視察で学んだサウナのエッセンスをギュッと詰めこみ、完成させたのが、「ヴィーシ」だ。

　小野さんが特にこだわったのは、「ロウリュ」と「岩水風呂」。まずは、何度でもロウリュを楽しんでもらえるように、サウナの室温はあえて抑えめに。そして空気の循環を強く意識。「ロウリュの蒸気が全ての座面に届くように、天井に仕切り板を設けて空気の通り道を作りました。単純ですが、これがあると無いとでは、大違いなんです」（小野さん）。

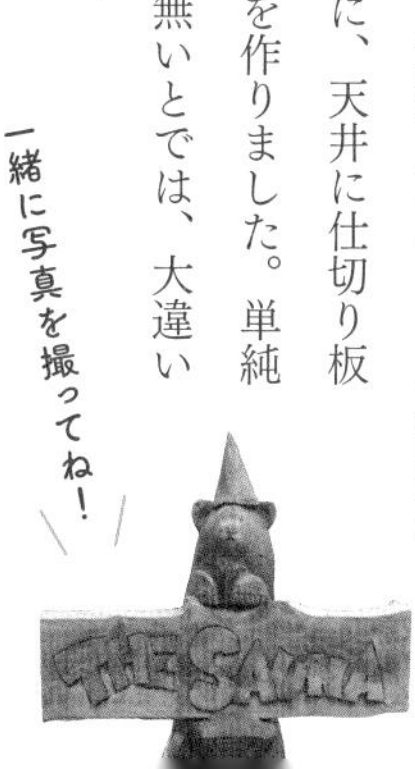

ロウリュ用のアロマが無いことにも驚いた。「フィンランドではサウナ室でたっぷり息を吸います。ロウリュをした蒸気を口に含んだときの〝口あたり〟をぜひ楽しんでほしくて、あえてアロマは使いませんでした」。口あたり⁉ 確かに立ち上がる蒸気の温かな塊は、ふわっと口に含むと美味しいかも……! さすが、どこよりも先を行っている。

他棟にはない岩水風呂は深さ１３０㎝で、長野県産の鉄平石《てっぺいせき》を数千枚積み重ねて造られている。体を沈めると、水温10度の冷たさと頭上からの打ち水にシビれる。「深い水風呂と浅い水風呂をハシゴして〝二度漬け〟を楽しむ方もいますよ」。つ、強者だ!

外気浴ではカナダの「サウンド・シェルター」に着想を得て、屋根を設置。周りの音を取りこみ、反響させる造りなので、雨風を凌《しの》ぎながらも蝉《せみ》の鳴き声や、葉が擦《こす》れる音がよく聞こえる。「The Sauna」特製サウナドリンク「ガラポ」を片手に、自然音に包まれながら、サウナの聖地でどっぷりととのおう。

ロウリュ水はあえてアロマなし！ 思いっきり蒸気を口に含ませたい／外気浴スペースは雨除けができる屋根付きと屋根無しの2箇所。屋根付きスペースは自然の音を全身で感じ取れる「サウンド・シェルター」設計を採用／上からも下からもキンキンに冷えた水にご満悦／サウナドリンクは特製「ガラポ」で！

INFORMATION

The Sauna

〒389-1303 長野県上水内郡信濃町野尻379-2

026-258-2978 【宿泊】[IN]15:00 [OUT]10:00

火曜 ¥【宿泊】7,000円〜

【日帰りサウナ】[Yksi/Kaksi] 平日3,500円/人／休日4,500円/人

[Kolme/Nelja] 平日33,000円/6人／休日36,000円/6人

[Viisi] 平日35,000円6人／休日38,000円/6人

【車】上越自動車道信濃町ICより約15分 HPより

和歌山

滝派？森派？一日中遊べる忍びの里

紀州忍びの湯 二ノ丸温泉

「ここは深い森の中。かつては忍びの里だったんじゃないかと言われます」と笑う支配人の出口さん。山の斜面を平らにならして造った「滝のサウナ小屋」では、森の自然を存分に満喫できる。

フィンランドから仕入れたストーブは、日本に数個しか無いという貴重なもの。多くのサウナーが薪をくべてきたことがわかる、味のあるサウナ室だ。地元のみかん農家さんから譲り受けたみかんの木の薪は蜜《みつ》が多く、燃やすといい香りが漂う。

目の前を流れる山田川を進めば、小さな滝壺《たきつぼ》が！　美しいコバルトブルーに飛びこんで、泳いだり浮かんだり。見上げた木々の隙間からは、太陽と空と雲とが次々に顔を覗《のぞ》かせて、飽きることがない。

薪の露天風呂でもう一度、体を温め、休憩。森林浴をしながら、ディープリラックス……。いや、ちょっと待て。もう一つのサウナ「森のサウナ小屋」もぜひ体験したい！　私は慌てて駆けだした。

紀州忍びの湯 二ノ丸温泉

大きなストーブは高さ150cm！ 長いラドルでそ～っとロウリュ／バスタブは信楽焼の特注品。水風呂ブルー（左）と熱湯オレンジ(右)

サウナ室に入ると、２６０kgのサウナストーンが積まれた、とにかくでかいサウナストーブに圧倒された。長いラドルで上から水を掛ければ、あちこちで石が鳴き始め、あっという間に窓も曇っていく。チラーで16度にキープされた水風呂の後は、露天風呂に体を沈める。水風呂ブルーと熱湯オレンジのバスタブは信楽焼《しがらき》の特注品。美しい色彩も楽しい。

ふわふわと夢見心地でサウナ室を後にしたら、大阪の名店「ストライク軒」のラーメンを。湯浅町の醤油《しょうゆ》を使った濃いめの「ブラック・ラーメン」や、乾いた体にすっきりとしたスープが染み渡る「塩レモンラーメン」は、二ノ丸温泉の特別メニューだ。つけ麺には和歌山名産のブドウ山椒《さんしょう》と藻塩をつけて。あまりの美味しさに箸《はし》が止まらず、ペロリと完食。

「うちは温泉もあるし、泊まることもできる。一日中楽しめる場所ですよ」と出口さん。次に訪れるときは泊まりで計画を練らないと！

INFORMATION

紀州忍びの湯 二ノ丸温泉

〒643-0001 和歌山県有田郡湯浅町山田1638-1
0737-64-1826 【平日】10:00 ～ 21:30 【土日祝】8:00 ～ 21:30 休 木曜 ￥【瀧】●時間貸し(90分) 3,000円/人(パブリック利用、土日祝限定) ●貸切(90分) [平日]16,000円/8人まで [土日祝]20,000円/8人まで 【森】●貸切コース(105分) [平日]20,000円～/5 ～ 6人まで [土日祝]25,000円～/5 ～ 6人まで
【車】湯浅御坊道路湯浅ICより約10分 HPより

栃木

原風景のど真ん中
童心に帰って遊べるサウナ

Quiet Storm Nasu

オーナー田中井さんのセンスが詰まったサウナ室は、遊び心とおしゃれ心が絶妙なバランスで同居している／大きな窓の外には牧草が生い茂る草原が広がり、解放感満載！

「サウナは、外遊びを楽しむためのもの」が信条のオーナー田中井さんは、アウトドアが大好き。昔から那須を散策していたという。偶然この土地と出合い、かねてから構想していたフィンランド家庭のプライベートサウナを、セルフビルドで再現したのが、ここ「Quiet Storm Nasu」だ。

いい意味でサウナ室っぽくない。壁にはフィンランドの国民的アルコール飲料である〝ロンケロ〟の缶がぶら下がり、「STAUB《ストウブ》」の鍋や、マグといった食器も並ぶ。

そう、ここはサウナ室で、自由な遊び場。もちろん飲食もOK。早速、私たちもフィンランドの定番サ飯、〝マッカラ〟をいざ調理！……と言っても、ソーセージをホイルで包んで、ストーンの上にそっと置くだけ。あとはストーブの熱がじっくり、美味しく仕上げてくれるのを待てばいい。利用客の中には、ここで焼き芋やアヒージョを作る人もいるとか。次回は何をしようかと、早くも想像が膨らむ。

水風呂は地下50ｍから汲《く》みあげた那須のピュアウォーター。原風景の中、ユニットバスがぽつんと佇《たたず》む様は、なんだか妙にしっくりくる。

おススメの休憩は、牧草が生い茂る中、自分がココ！　と思うポイントに椅子《いす》を持っていくこと。夏場は元気いっぱいの牧草も秋になると枯れ広がり、次第に雪が降り積もる。そして、春にはタンポポやハルジオンがあちこちで芽吹く。

二度と同じ顔を見せない自然は、時間帯によっても新たな美しさを魅《み》せてくれる。しんと静まる夜は川のせせらぎに耳をそばだてながらの月光浴が、朝は昇る朝日を眺めながらの朝ウナだってできるのだ。

サウナ室に燻《いぶ》されたマッカラの香りが広がり、自然とお腹も空《す》いてきた。

「サウナは、自分の感覚を取り戻す場所だよ」と田中井さん。

いつだって、遊び方は自由でいい。もっと素直に、イマジネーションの赴くままに。

フィンランドの定番サ飯“マッカラ”(ソーセージ)／お気に入りの場所を見つけて、心ゆくまで牧草地の風に吹かれたい／ロウリュをするときは、マッカラにかからないように慎重に…／サウナ室の窓を開ければ、温かい空気に冷たい風が混ざり合い、サウナ室で“内外気浴”ができてしまう

INFORMATION

Quiet Storm Nasu

〒329-3223 栃木県那須郡那須町大島1185
(カーナビ入力時は1190)　090-6455-1185
7:00 ～ 22:00(平日3時間／土日祝2時間)　休 不定休
¥【サウナ小屋(1 ～ 5人用)】11,000円/2時間/グループ(土日祝)
【大型ログサウナ(1 ～ 8人用)】17,600円/2時間/グループ(土日祝)
【車】東北自動車道那須高原サービスエリアETC出口より約20分
InstagramのDMより

栃木

物語の世界に没入して森に溶け込む静《せい》謐《ひつ》を味わう

rinne《リンネ》 2nd living

柔らかな曲線が特徴的なバレルサウナ／サウナ室から水風呂へは、木目調でしつらえられた居心地のいいリビングを横切って／デッキに設けられたインフィニティチェアで至福のひととき

霧の中、ぼんやりと浮かびあがったサウナは幻想的で、物語の世界に迷いこんだかのようだった。

一度見たら忘れられない、やわらかな曲線のバレルサウナは、可愛い見た目に負けず劣らず、機能的だ。ロウリュをしても右サイドのみに熱が循環する造りなので、熱々好きも、じっくり蒸されたい派も、一緒に楽しめる。小窓からは外の様子も覗ける。

サウナ室を出たら、水着のままリビングを通り抜け、浴室へ。水をたっぷり張った深いバスタブに、そのままザブン！ 冬場はお湯を溜めて、水シャワーと熱湯で温冷交互浴、なんて応用編も試したい。

休憩しようとデッキに戻ると、ヒグラシの輪唱が鳴り響いていた。それが夜にはぴたりと止んで、静《せい》謐《ひつ》な時間が訪れる。まるで自分と森が一体になったようだ。ケータリングのすき焼きでお腹を満たしたら、心地よい眠気がやってきた。でも、早く寝てしまっても大丈夫。明日の朝ウナは逃げないのだから。

INFORMATION

rinne《リンネ》 2nd living

〒325-0303 栃木県那須郡那須町高久乙3375

0287-78-1164

【宿泊】[IN]15:00　[OUT]10:00　【サウナ利用】7:00 ～ 22:00

12月中旬～ 3月中旬（豪雪のため冬季休業）

¥【平日】13,200円～ /人（5人まで）

【車】東北自動車道那須ICより約20分／東北自動車道黒磯板室ICより約30分　HPより

沖縄

やんばるの森から、穏やかな海を見つめて

サウナ 森の巣箱

定員4名のサウナ室は小ぢんまりとして清潔感がある／水風呂はオーナーのこだわりで13度に設定。叫んでます！／フィンランド製のストーブMISAは小型ながらもハイパワー

施設に向かう小道から、すでにワクワクは始まっていた。「サウナ 森の巣箱」は、沖縄・やんばるの森の中にあるサウナだ。

MISAのストーブは小型ながらも、室温を約90度にキープ。うす暗い静寂の中、時折鳥の鳴き声が聴こえ、次第に自分の感覚も研ぎ澄まされていく。

「水温にはこだわりたかった」という支配人の楠元さんの想いから、水風呂はチラー入りの13度。その冷たさを前に「く〜」と思わず絶叫！ スッキリ爽快、いざ休憩スペースへ。

目の前に広がる海は穏やかに凪《な》いでいて、薄紫やピンク、グリーンと幾つもの色を帯び、飽きさせない。たっぷり3時間、その美しさを目に焼きつけた。

隣のカフェでは、ハーブの利いたサウナドリンクや、濃厚なバスクチーズケーキを楽しめる。ウッドデッキでぼうっとしながら、やんばるの森と海からのエネルギーを、全身で受けとめよう。

INFORMATION

サウナ 森の巣箱

〒905-0412 沖縄県国頭郡今帰仁村湧川699 ツリーハウスホテル森の巣箱内 0980-56-1570

12:00 〜 15:00 ／ 16:00 〜 19:00 休 不定休

¥【貸切料金(3時間)】[日帰り利用]12,000円/4人まで [宿泊利用]8,000円/4人まで

【車】名護東道路世富慶ICより約25分

HPより

山梨

Go To Heaven…!
天国って、きっとこんな場所

FOLKWOOD VILLAGE 八《やつ》ヶ《が》岳《たけ》

この特徴的な外観はテントをモチーフにしたもの。「The Sauna」の野田氏によるプロデュース／八角形のサウナ室に入るとKOTAストーブの存在感が半端ない！／シャワー代わりに水バケツで汗を流して水風呂へ！

テイピーテント*を意識したサウナは、入った瞬間に心地よい湿度を感じた。ストーブの真後ろに設置された空気《くうき》孔《こう》によって、フレッシュな空気が常に入ってくるので、息苦しさとも無縁だ。

ぎっしりと高密度に、高くストーンが積み上げられた「KOTAストーブ」は、部屋の真ん中に堂々と鎮座し、360度包囲でロウリュができる。「横からロウリュ！」「後ろからロウリュ！」とサウナ仲間同士のラドルパスが止まらない。

頭上のバケツから勢いよく流れ落ちる水と2つの水風呂に快哉を叫び、休憩。どこまでも伸びるアカマツの木々の隙間から、陽の光がやわらかく降り注ぐ。

後半戦はスタッフの方による怒《ど》涛《とう》の連続ロウリュ&熱波。〆《しめ》にはジョウロから一筋の氷水を頭にかける。今まであっただろうか、頭蓋骨をかち破り、ダイレクトに水が入ってくるような感覚が……。

この気持ちよさ、間違いなく天国行きだ。

*中央部の1本のポールで全体を支える円錐(えんすい)型テント。ネイティブアメリカンが移動型住居として使用していたとされる

INFORMATION

FOLKWOOD VILLAGE 八ヶ岳《やつがたけ》

〒408-0044 山梨県北杜市小淵沢町3900-2

0551-37-4130

9:00 ～ 18:00　休 不定休

¥【貸切(120分)】[平日]20,000円　[土日祝]22,000円

【パブリック利用(90分)】[平日]2,500円　[土日祝]3,000円

【車】中央自動車道小淵沢ICより約5分

HPより

群馬

棚田を眺めながら のんびり、ゆったり

さなざわ出《の》テラス

国産木材でつくられたサウナ室は、優しい木の香り／水風呂では、美しい自然が生んだみなかみの水のやわらかさに感激／サウナ室の隣のデッキからも、棚田を一望できる。秋は稲穂が黄金色に輝く

ここ「さなざわ㞢《の》テラス」では、みなかみの自然の恵みを随所に感じることができる。

薪サウナのロウリュは、みなかみの花や草木を谷川山麓の湧き水で蒸溜したハーブウォーターで楽しみたい。香りを嗅いだ瞬間、頭の中がヒバの香りでスパークした。サウナ室全体に香りが満ちると、ここは森の中？　と錯覚するほどだ。

みなかみの水は山々に育まれた湧き水が源流。浄水処理不要の、一番搾りの水でもある。贅沢に頭からざぶざぶ浴びて、気持ちよさに思わず天を仰ぐ。日光をさんさんと浴びながら、ウッドデッキで大の字休憩。うっすら目を開けると、一面にたなびく稲穂の緑が眩しく光った。

ここでは、合宿や企業研修といった貸切利用も可能。サウナ利用料に〝美人の湯〟と謳われる温泉入浴料が含まれているのも嬉しい。

のどかな田園風景を眺めながらゆっくり流れる時間を味わいたい。

INFORMATION

さなざわ㞢《の》テラス

〒379-1313 群馬県利根郡みなかみ町月夜野2537-2
0278-20-2121　【サウナ】10:00 〜 20:00　休 不定休
¥【宿泊】7,000/部屋〜　【サウナ利用】［貸切宿泊］30,000円/組
［日帰り(120分)］(2人まで)6,000円/人　(3人以上)2,500円/人
【車】JR上毛高原駅より約5分／関越自動車道月夜野ICより約15分／関越自動車道水上ICより約15分　HPより

京都

ぐるり360度！森の中に佇《たたず》むサウナ

森のサウナ Replus

ストーブは、フィンランドNARVI社の薪ストーブVELVET。熱の持続力がとにかく強い／外気浴ではウッドデッキで自然音のサラウンド体験を。ハンモック、インフィニティチェア、ガーデンチェアといろいろ選べるのも嬉しいポイント

サウナの入口に飾られた、迫力ある鹿の剥製《はくせい》にドキッとした。ここは深い森の中に佇《たたず》むサウナ。虫や鳥、動物たちと共生しているのだ。

サウナ室は、定員ＭＡＸの５名で入っても一人ひとりがゆったり座れる広さ。薪ストーブの燃料の杉は樹液が多いからか、カラメルのような甘い匂いがふんわりと広がる。そこに自家栽培のミントを浸《つ》けたアロマ水の、優しくフレッシュな香りが程よく絡まれば、自然と笑みがこぼれてしまう。

水風呂は鴨川源流の天然水を掛け流しで。深い樽の中へ体を沈めると、まろやかな水質を全身で感じることができる。休憩はウッドデッキに移動して、虫や鳥の鳴き声を３６０度サラウンドで感じたい。

辺りに生える杉やシダは、冬も枯れることがない。雪が積もった森の景色は、サウナの本場・フィンランドを彷彿《ほうふつ》とさせる。一日一組限定なので、サウナの他にもＢＢＱや裏山散策もおススメ。季節を変えて何度でも足を運び、森と遊びたくなる場所だ。

INFORMATION

森のサウナ Replus

〒603-000 京都市北区大宮秋葉山1-8

無　【サウナ】10:00 ～ 20:00　月・水・金曜

¥［平日］65,000円～［休日］70,000円～

【車】名神高速道路京都南ICより約45分
【電車】地下鉄北山駅よりタクシーで約10分／JR京都駅よりタクシーで約35分　【バス】釈迦谷口バス停より徒歩約15分

HPより

富山

遊び心あふれる登山サウナ

TATEYAMA SAUNA

遊び心たっぷりのサ室入り口の案内板／この高低差ベンチは他ではなかなかお目にかかれない。サウナ仲間とともに、全ての山（ベンチ）の登頂をめざそう

サウナ室の入口に「登山口」？ おそるおそる扉を開けてみると、立山連峰《たてやまれんぽう》の標高に合わせた様々な高さのベンチがズラリ！ なるほど、これはただのサウナではなく「登山サウナ」だ。赤谷山《あかたんやま》（低ベンチ）から徐々に標高を上げ、座れば頭が天井すれすれにもなる剱岳《つるぎだけ》（高ベンチ）へ。秋のアロマ、キンモクセイのロウリュをすれば、どこか切なく甘い香りが険しい熱さを和らげる。ダイレクトに感じる熱を乗り越えれば、まさに登頂したかのような達成感だ。

水風呂の水は、立山連峰の雪解け水。飛びこんだ先にはどこまでも続く田園景色とそそり立つ立山連峰、そして手つかずの森が広がる。

「ここは朝昼晩、春夏秋冬で全く違う景色が楽しめます。この解放感をぜひ体験してほしいですね」とオーナーの碓井《うすい》さん。敷地内では仲間とBBQもできる。一日一組限定で宿泊も可能。雄大な立山を間近に、ここだけの絶景に浸りたい。

INFORMATION

TATEYAMA SAUNA

〒930-1362 富山県中新川郡立山町吉峰野開21-6

090-9443-7819

【宿泊】［IN］17:00　［OUT］10:00　【サウナ利用】［宿泊］17:00 ～ 19:30（150分）　［日帰り］11:00 ～ 13:30 ／ 14:00 ～ 16:30（150分）

休 水曜　¥【宿泊】［平日］45,000円～［金土日祝・祝前日］54,000円～【日帰りサウナ】［平日］12,000円～［土日祝］16,000円～

【車】北陸自動車道立山ICより約12分　HPより

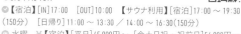

北海道

トレーラーサウナ
大人の冒険旅行へ

Moving Inn Tokachi 北の森

広大な森の緑に包まれての外気浴は格別／サウナ室の細長い窓からも、十勝の森を一望できる

十勝の森・2万坪の敷地に、客室は4区画のみ。全区画にサウナがついていて、グランドスイートの「AWASE《アワセ》」には最も大きなトレーラーサウナがある。

檜《ひのき》の香りがたちこめるサウナ室は、MOKI製作所のストーブにナラの薪がパチパチと爆《は》ぜる。ロウリュ用オイルは白樺《しらかば》と北見のハッカ油の2種。ハッカのスッとした香りが気持ちを静めてくれる。

水風呂はヌビナイ川の源流となる湧き水を利用し、冬には水温が5度以下になる日も。大きな窓から見える小雨に濡れた森の緑は、目にも鮮やかだ。

焚き火や薪の露天風呂で暖をとりながら休憩。運がよければ、エゾリスやエゾウサギなど、北海道の動物たちにも会えるかも？

スノーシューや野鳥観察といった北海道らしい遊びが満喫できる「Moving Inn」は、〝冒険〟という言葉がよく似合う。大自然の圧倒的なスケール感は、ここでしか味わえない。

INFORMATION

Moving Inn Tokachi 北の森

〒089-2271 北海道広尾郡大樹町光地園44-5
0155-88-7514 【宿泊】[IN]15:00 [OUT]11:00
休 無 ¥11,531円～ /1区画4人まで
【車】帯広空港より車で約50分
HPより

山梨

楽しみ方は無限大！
大人が遊べるおもちゃ箱

Sauna & Villa Lelu

サウナの火入れから準備はスタート。上手く火がつきますように……／“キャットタワーサウナ”は全3段。気分に合わせて座る位置を変えよう／サウナのあとは五右衛門風呂で、体の芯から温まる

コンセプトは「不自由な暮らしの中で見つける自由」。サウナの火入れも水風呂の準備も、全て自分たちでやるから、達成感がハンパない。

こだわりの〝キャットタワーサウナ〟は、寝っ転がるもよし、ベンチの高低差を楽しむもよしで、自分にぴったりの場所探しからワクワクが始まる。少しずつ薪を足し、好みの温度に育てよう。

水風呂は、横浜市の水源でもある道志《どうし》の水を、掛け流しでたっぷり満喫できる。天然水ゆえ、真夏でも気持ちのいい冷たさが続く。

おススメの休憩スペースは、どっしりと構えた桜の木の下。夏は艶々《つやつや》とした緑、秋は鮮やかな紅葉、そして春には薄桃と濃いピンク2色の花が楽しめる。

五右衛門風呂から星空を眺めたり、焚き火を囲んでぼうっとしたり。フィンランド語で「おもちゃ」を意味するLelu の言葉通り、ここは大人が子どもに帰る場所。遊びの選択肢はたっぷり用意されている。

＼朝食はホットドッグ！／

INFORMATION

Sauna & Villa Lelu

〒402-0205 山梨県南都留郡道志村椿4170番地
なし 【宿泊】[IN]14:00 [OUT]10:00
【サウナ利用】[宿泊]14:00～21:00／翌5:00～10:00
[日帰り]10:00～17:00 休 無
¥【宿泊】[平日]57,000円～[土日祝]62,000円～
【日帰りサウナ】[平日]25,000円～
【車】中央自動車道相模湖ICより約45分 HPより

栃木

頭上に広がる緑のカーテン森と一体になる外気浴

森の天空サウナ&露天風呂

ストーブは小型ながらパワーのあるMISA ／樽水風呂&露天風呂は縦180cmとゆったり広々／ 2階にある休憩スペースへは階段を上がっていく。神殿の入り口のようで、かっこいい

サウナ室は檜《ひのき》張り。MISAのストーブにロウリュをすれば、一気に湿度と温度が上がり、やわらかな熱に包まれる。天気がいい日は、窓から茶臼岳《ちゃうすだけ》の借景も楽しめる。

水風呂は長さ約180cmと広々。ざぶんと浸かって見上げると、頭上に森の緑が広がった。何層にも折り重なる樹々の葉は、枝自体が葉脈のように四方に伸びる。

「森の中にいるような没入感を味わってほしくて、休憩スペースを2階に作ったんです」と語る代表の中村さんの狙《ねら》い通り、樹々との距離がぐんと近づく分、自分も森の一部になったような気がしてくる。

「落葉する冬には空がいっそうひらけ、星がよく見えますよ」と中村さん。次に来るときはぜひ、露天風呂に浸かりながら満天の星々を楽しみたい。

〝天空〟を降りたつのは名残惜しいが、下界には焚き火ラウンジが待っている。さあ、あったかいコーヒーを飲みに行こうか。

INFORMATION

森の天空サウナ&露天風呂

〒325-0114 栃木県那須塩原市戸田178-4

0287-74-5517 【宿泊】[IN]15:00 [OUT]10:00

【サウナ利用(80分)】[宿泊]17:30 ～ 20:50

[日帰り]9:00 ～ 16:50 休 年中無休

¥【宿泊】55,000円～ /棟(5人まで／サウナ利用料込) 【日帰りサウナ】[大人]6,600円～ /人[子供]3,300円～ /人 【車】東北自動車道黒磯板室ICより約25分／東北自動車道那須ICより約20分 HPより

福島

“カベリ”と過ごす、森のサウナ時間

エンゼルフォレスト白河高原

檜の香りが気持ちのいいログハウスは、窓の外に広がる森の景色とセットで楽しんで／水風呂は2～3人で入っても十分な広さ。井戸水を溜めているのでひんやり

檜が香る手作りのログサウナは、KOTAストーブを囲みながら4人でゆったり楽しめる。横長の窓から外を眺めると、樹々の隙間から差しこむ光はまるでスポットライトのよう。ここの主役は〝森〟だ。

井戸水を溜めた水風呂では、座る位置を少しずつ変えて景色の変化を楽しみたい。少し身を乗り出せば、遥か奥まで森が続いているのがわかる。どこか安心するのは、なんでだろう。

「ご自由にととのってください」と言わんばかりにあちこちに置かれたチェアも、プライベートを保てる間隔が嬉しい。川の目の前にもチェアがあるなど、サウナ好きのツボをばっちり押さえている。

サウナ室の名称「カベリ」はフィンランド語で「仲間」の意味。朝露に濡れた森の香りを楽しめる朝10時から、夜の気配が近づく夜18時過ぎまで、サウナは入り放題。時間を気にせず、広大な森の中で仲間と過ごすサウナの時間を、ゆっくり楽しみたい。

INFORMATION

エンゼルフォレスト白河高原

〒962-0623 福島県岩瀬郡天栄村大字羽鳥字高戸屋39番地

0248-85-2525

【宿泊】[IN]15:00　[OUT]11:00　【サウナ利用】10:00～18:00

休 不定休（メンテナンスのため冬期休館有）

¥【宿泊】5,100円/人～【サウナ利用】[宿泊]2,000円/人 [日帰り]1,900円/人

【車】東北自動車道白河ICより約30分

予約不要（当日フロントにて受付）

長野

信州の自然を丸ごと味わう森サウナ

梅の屋リゾート松川館

こちらは85度の「フローラ」。窓からは流れ落ちる水と森の緑との共演が楽しめる。向かいには110度の「ビアンカ」がある／日向ぼっこをしながら、力強く茂る緑に癒やされて

梅の屋リゾート2つ目のサウナ「森のポルクサウナ」は猿や鹿、イノシシも出るという森の中にあるサウナだ。

2つのサウナ室が向かい合った珍しい造りで、サウナの室温は85度と110度。全国のサウナ施設を巡ったオーナーのこだわりで、サウナ室の内壁は石素材。高級感がある上に、蓄熱効果も抜群だ。

ベンチに座ると、ほとばしる水流を楽しめる大きな窓が広がる。これは高山村《たかやまむら》の〝雷滝《かみなりだき》〟をモチーフにした設計で、世界でも珍しい〝滝の裏側〟が見える名所の風景を味わえる演出。

水風呂はたっぷり水深120㎝。裏山から汲んだやわらかな水を全身で味わったら、日光でポカポカに温まった椅子で休憩しよう。

サウナ後は、名物の長野県産きのこ鍋とスパイスカレーを堪能しつつ、開湯250年の歴史ある温泉でリラックス。ここには高山村の魅力がぎゅっと詰まっている。

きのこはなんと10種類！

INFORMATION

梅の屋リゾート松川館

〒382-0816 長野県上高井郡高山村山田温泉3507-1
026-242-2721 【宿泊】[IN]15:00 [OUT]10:00
【サウナ利用(120分)】13:40～26:20／翌5:00～11:20
休 盆暮／年始／その他不定休
¥【宿泊】18,750円～/人(公式HPから予約の場合)
【日帰りサウナ】3,000円～/人 【車】上越自動車道須坂ICより約45分
【電車】長野電鉄長野線須坂駅より車で約25分(送迎有、要予約) HPより

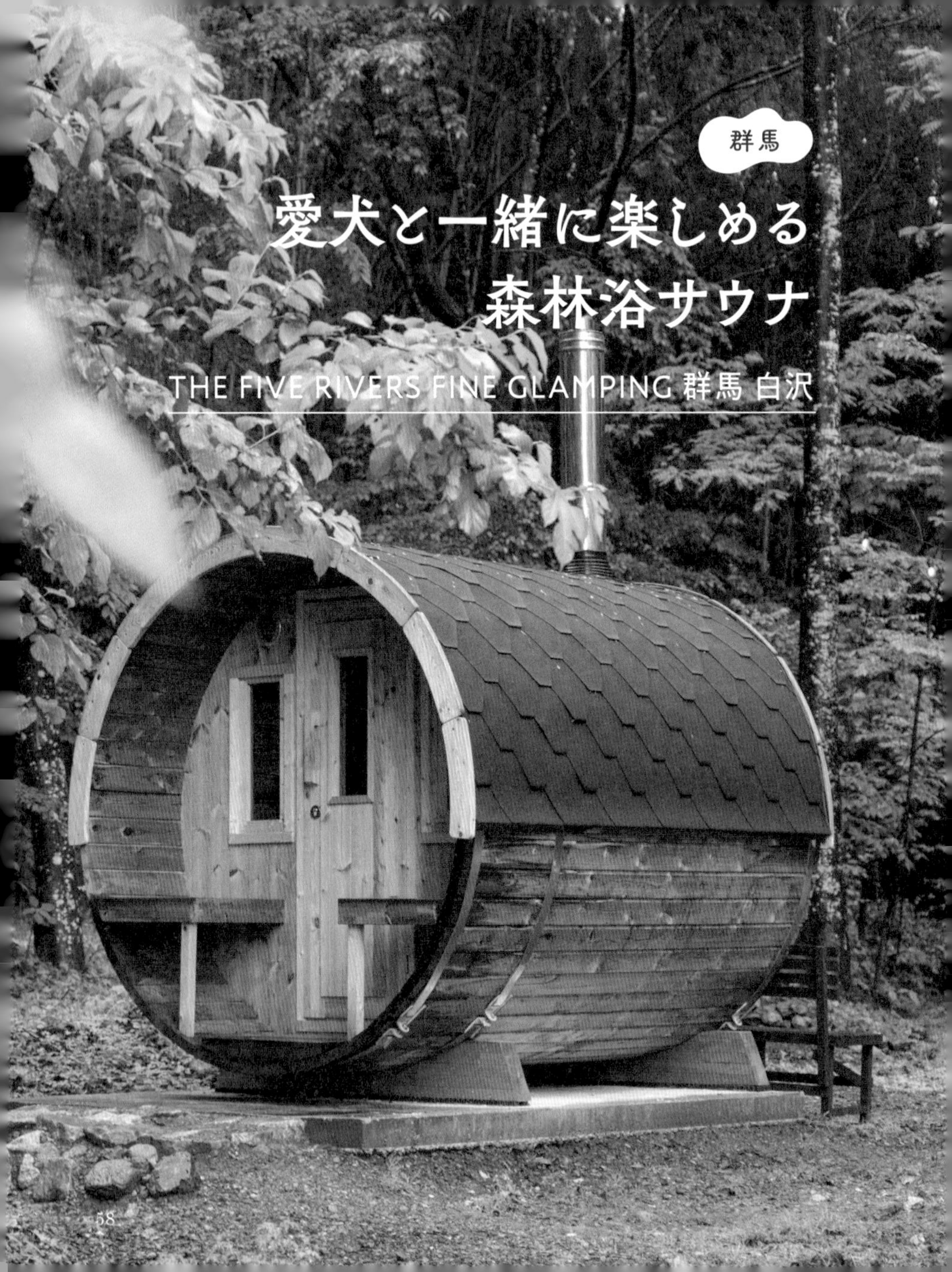

群馬

愛犬と一緒に楽しめる 森林浴サウナ

THE FIVE RIVERS FINE GLAMPING 群馬 白沢

バレルサウナにドンと構えるのはHARVIAの薪ストーブ。定員4名のサウナに対して大きなサイズ感で、薪をくべると一気に熱くなる／選べる3つの水風呂のうちのひとつ、清流が自慢の白沢川。川の流れに身を委ねて、小さな雑念も水に流してしまおう

関東最大級のドッグランが併設された「THE FIVE RIVERS FINE GLAMPING 群馬 白沢《しらさわ》」には、白沢の自然を存分に味わえる「Forest サウナ」がある。

定員4名のバレルサウナの扉を開けると、大きなHARVIAの薪ストーブが出迎えてくれた。自分で薪を足し、好みの温度に調整するスタイルだ。

3パターンもの冷水浴が楽しめるのも嬉しいポイント。石畳の道を歩いた先の檜作りの水風呂、グランピングエリアのプール水風呂、そしてアウトドアサウナの醍醐《だいご》味《み》、川水風呂が自由に入り放題！白沢川の水深は浅いため、流される心配がない。背中に一定の水流を感じるのはバイブラバスのよう。インフィニティチェアを川に移動して、せせらぎの音を全身で感じながらの森林浴休憩もおススメだ。

サウナエリアに愛犬を連れて来られるのも、愛犬家には安心。赤城和牛サーロインの鉄板焼きなど、グランピングならではのサウナ飯も堪能しよう。

INFORMATION

THE FIVE RIVERS FINE GLAMPING 群馬 白沢

〒378-0121 群馬県沼田市白沢町高平2540

080-8543-4211

【宿泊】[IN]15:00　[OUT]10:00

【サウナ利用(120分)】[宿泊]15:00 ～ 23:00

[日帰り]13:30 ～／16:00 ～　休 不定休

¥【宿泊】25,800円～ /室(一泊二食付)　【日帰りサウナ】6,000円～

【車】関越自動車道沼田ICより15分　HPより

長野

登山列車で標高1050mへ！Made in 長野の本格サウナ

SaunaSpaceTOJIBA

ブランコをこぎながら外気浴ができるのは珍しい。風に揺られてゆらゆら／スモークサウナをイメージしたサウナ小屋は、真っ黒に煤けている。暗い室内は静かな瞑想にも向いている

フィンランドのスモークサウナをイメージしたサウナ小屋は、杉を焼きあげ真っ黒に煤《すす》けている。これだけでサウナ好きの心をくすぐる。長野県産のオーダーメイドストーブに、サウナ好きのスタッフの方による〝ウェルカムロウリュ〟で第1セットスタート！

サウナ室を出た後の水風呂は、浅間山麓《あさまさんろく》の水を贅沢に掛け流し。火照《ほて》りきった体が一気に冷やされていく。飲用OKの良質な水をコップに汲んで、いざ休憩スペースへ。

休憩はブランコに揺られての外気浴や、菱野《ひしの》温泉の送迎バス内での内気浴を。もろきゅうやシャインマスカット、苺《いちご》といった季節ごとの小諸《こもろ》の地の物をサービスでいただける。これこそ最高の栄養補給！

〆のセットラウンドは〝クーミンロウリュ*〟で最上級の熱さを体感してほしい。超高温サウナが好きな方も大満足間違いなしの最高のおもてなしで、堂々のクライマックスを迎えよう。

*フィンランド語で「クーミン」は「最上級に熱い」を意味することから、他に比べられないほど熱いロウリュ

INFORMATION

SaunaSpaceTOJIBA

〒384-0041 長野県小諸市菱平762-2 菱野温泉常盤館
0267-22-0516 【宿泊】(菱野温泉薬師館)［IN］15:00［OUT］10:00 【サウナ利用】9:00 ～ 21:00(2時間) 休 火・水曜
¥【宿泊】18,800円/人～(一泊二食付)
【サウナ利用】［パブリック］4,400円/人 ［貸切］26,400円(6人まで)
【電車】しなの鉄道小諸駅よりタクシーで約10分
【車】上信越自動車道小諸ICより約10分 HPより

北海道

自然と、地球と、一つになれる牧場サウナ

しんむら牧場　ミルクサウナ

サウナ室の窓からはのどかな牧場の風景が広がり、遠くには牛が牧草をはむ姿も見える／デッキに寝て空と牧草を反対にしたら……地球の丸さを実感

「うちはセミオートロウリュができますよ」と代表の新村《しんむら》さん。壁を開けると、そこには蛇口が！ ひねればストーブの上に水が流れる仕組み。蒸気が上がって、部屋が一気に熱くなった。

サウナ室を出ると10歩で水風呂という素晴らしき動線。「ウッドデッキに寝転がって、少し頭をせり出してください。空が丸く見えるでしょ」と新村さん。視界にまぁるく広がる牧草と青空は、遮るものがない牧場だからこそ出合える景色だ。

15時半を過ぎると、牛たちは列をなして牛舎に帰っていく。モーモー、と鳴く声をBGMに、朝採れのフレッシュな牛乳を。コクがあるのにごくごく飲めるスッキリ感。ぷはー！ うんまーい!!

サウナ後はパノラマテラスでBBQ。しんむら牧場で自然放牧し、時間をかけて育てた豚の無添加ソーセージや豚肉１００％のハンバーグに、もう箸が止まらない。牧場だからできる体験がぎっしり詰まった唯一無二のサウナを、ぜひご賞味あれ。

牛乳がサウナドリンク！

INFORMATION

しんむら牧場　ミルクサウナ

〒080-1407 北海道河東郡上士幌町上音更西1線261

01564-2-3923

10:00 ～ 16:30　休 年末年始

¥ 22,000円（2時間、4人まで）

【飛行機】帯広空港より車で約1時間10分／新千歳空港より車で約2時間半　【電車】JR帯広駅より車で約50分

電話またはメール（ushi@milkjam.com）

何を持って行けばいいの？

これがあれば安心！ 持ち物のチェックポイント

施設に用意がない場合は、下記のポイントを押さえて用意しよう

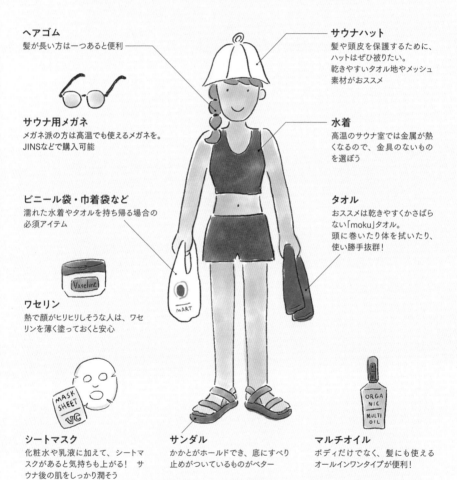

ヘアゴム
髪が長い方は一つあると便利

サウナ用メガネ
メガネ派の方は高温でも使えるメガネを。
JINSなどで購入可能

ビニール袋・巾着袋など
濡れた水着やタオルを持ち帰る場合の必須アイテム

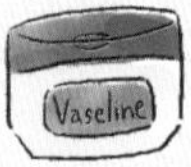

ワセリン
熱で顔がヒリヒリしそうな人は、ワセリンを薄く塗っておくと安心

シートマスク
化粧水や乳液に加えて、シートマスクがあると気持ちも上がる！　サウナ後の肌をしっかり潤そう

サウナハット
髪や頭皮を保護するために、ハットはぜひ被りたい。
乾きやすいタオル地やメッシュ素材がおススメ

水着
高温のサウナ室では金属が熱くなるので、金具のないものを選ぼう

タオル
おススメは乾きやすくかさばらない「moku」タオル。
頭に巻いたり体を拭いたり、使い勝手抜群！

サンダル
かかとがホールドでき、底にすべり止めがついているものがベター

マルチオイル
ボディだけでなく、髪にも使えるオールインワンタイプが便利！

Sauna Tips 1

サウナ旅に出かけよう

施設の備品のチェックポイント

予約をするときに、備品や貸し出しグッズをチェックしておこう

ポンチョまたはガウン

かさばるポンチョ類はレンタルだと楽チン

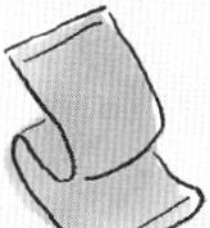

タオル

サウナ中とサウナ後で2枚あると便利

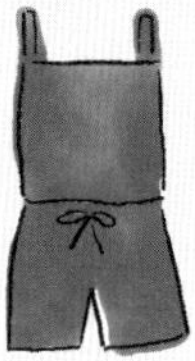

水着

プライベート施設の多くは水着着用必須！

化粧水・乳液

サウナ後は乾燥するので、しっかり保湿しよう

サンダル

岩場や川など足元が不安定な場所はかかと付きが安心

持ち込みOKなら用意しよう！

ロウリュ用アロマ

代表的なアロマは「rento」の「サウナセント」。
爽やかな白樺の香りは年齢、性別問わずに使える♪

ドリンク

貸切空間ならドリンクも楽しみたい。「オロポ」(p.160参照)や「アクリ」(「アクエリアス」と「リアルゴールド」を1：1で割ったドリンク)など、その場でブレンドするのもおススメ

Bluetoothスピーカー

施設によってはスピーカーの持ち込みがOKの場合も！　自分で作ったサウナプレイリストを聴きながらサウナに入るのもオツ

water

世界中から熱視線！
豊かな水資源をサウナのために…

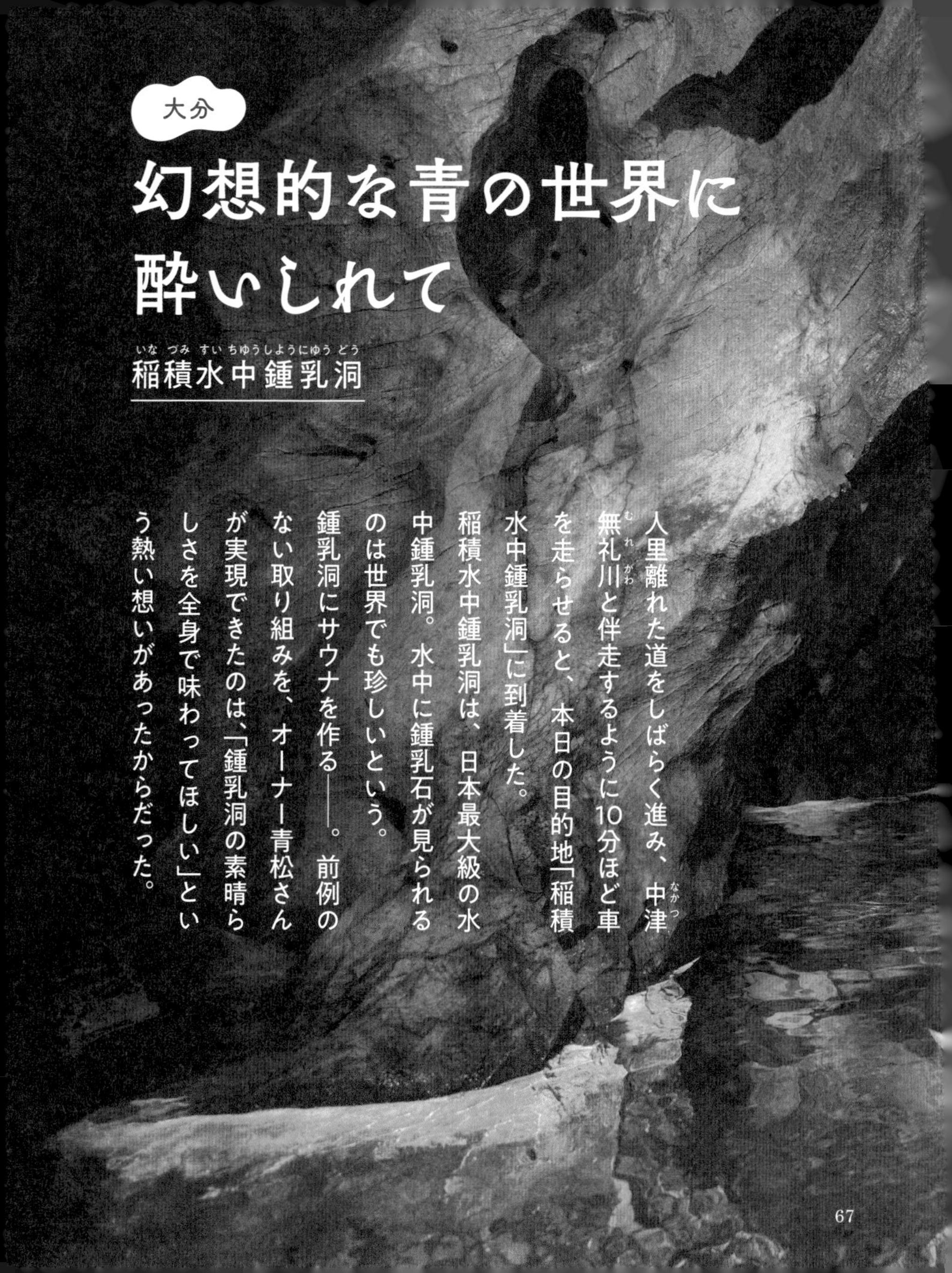

大分

幻想的な青の世界に酔いしれて

稲《いな》積《づみ》水《すい》中《ちゅう》鍾乳《しょうにゅう》洞《どう》

人里離れた道をしばらく進み、中津《なかつ》無《む》礼《れ》川《かわ》と伴走するように10分ほど車を走らせると、本日の目的地「稲積水中鍾乳洞」に到着した。

稲積水中鍾乳洞は、日本最大級の水中鍾乳洞。水中に鍾乳石が見られるのは世界でも珍しいという。

鍾乳洞にサウナを作る——。前例のない取り組みを、オーナー青松さんが実現できたのは、「鍾乳洞の素晴らしさを全身で味わってほしい」という熱い想いがあったからだった。

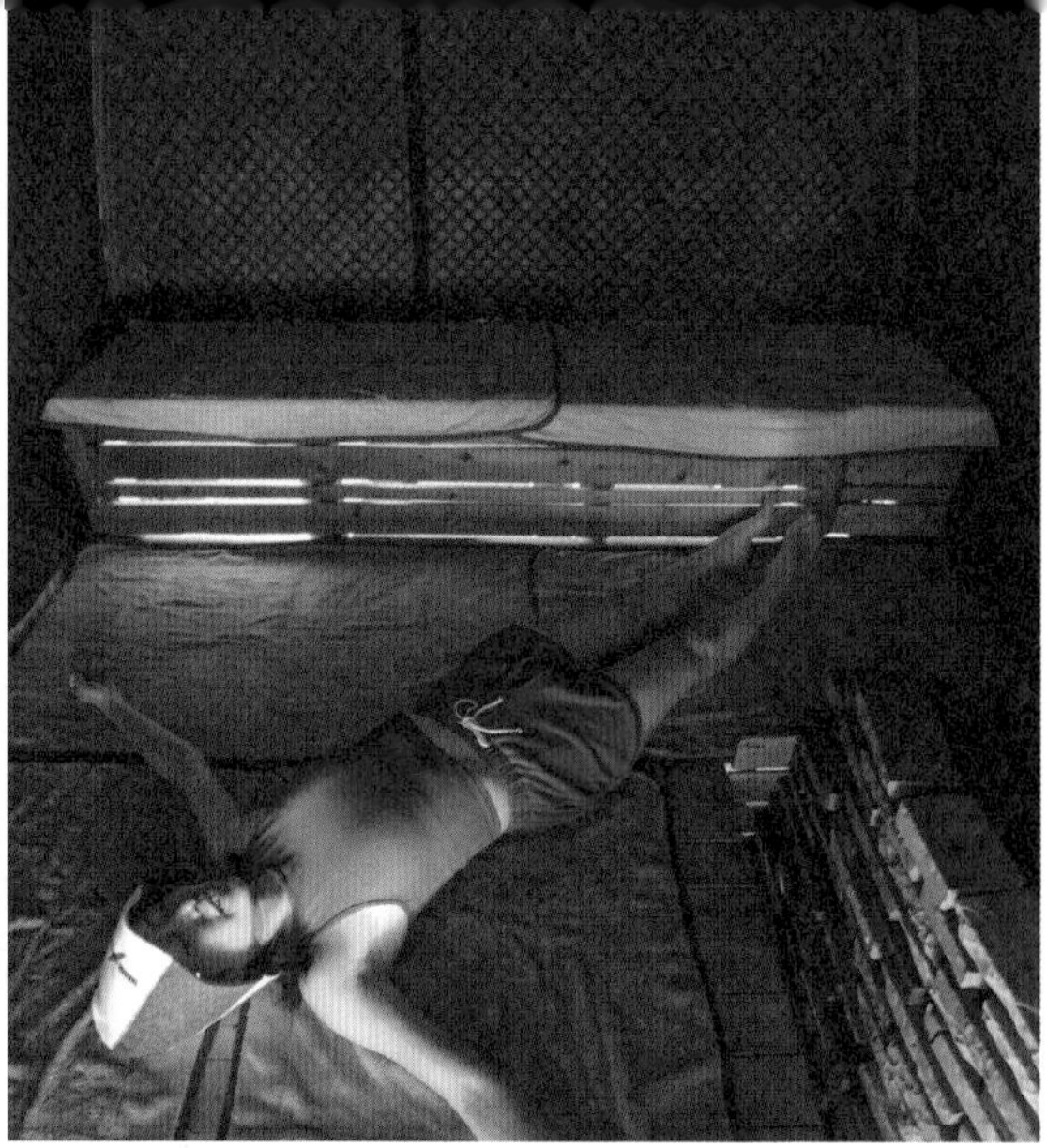

MORZH MAXのテントサウナはとにかく中が広い！ 座れて、寝られて、テントを超えた立派なサウナ室／サウナストーンはこだわりの3種ブレンド。試行錯誤の末、ベストな温度、湿度のための配合だ

温泉県の大分にあって、温泉がない豊後《ぶんご》大野《おおの》市。そこを逆手にとって同市が「サウナのまち」宣言をし、「おんせん県いいサウナ研究所」を立ち上げたのが2020年のこと。そこから一気にサウナにハマり、今やご自身のことを「サウナ変態」と笑う青松さんの情熱が詰まった場所が、ここ「稲積水中《いなづみすいちゅう》鍾乳洞《しょうにゅうどう》」だ。

ここのサウナは3層式テントサウナのMORZH《モルジュ》 MAX。ジップを開けた途端おったまげた。広い！ 寝られる!! なんだこりゃ!?

「普通のサウナストーンじゃ面白くないので天然石やトルマリンなど3種の石をブレンドしています。さぁ、早速ロウリュいきますよ〜！」（青松さん）

お客様に最高の状態でととのってもらうため、原則、青松さんがフルアテンド。ロウリュや熱波も、お客様の様子に合わせて加減を調整。じっくり長めに蒸されても、高湿度ゆえに苦しくない。「では、行きますか」。いよいよ向かう先は、鍾乳洞だ。

稲積水中鍾乳洞

旅行代理店と提携した夜サウナツアーでは、鍾乳洞の中で内気浴もできる。澄みわたった空気が気持ちいい／サウナ飯にはぜひ特製スパイスカレーを。複雑な香りが食欲を刺激し、ご飯をおかわりしちゃいました

30万年前から存在する鍾乳洞に自分がいるという奇跡に、自然と胸が高鳴る。小さなサギも泳ぐ澄んだ水にそっと足を踏み入れると……私が知る水温16度とは全く違う！　キーンと響くけれど痛さはなく、本能が喜ぶ気持ちよさなのだ。頭の中はたちまち空っぽになっていく……。

4セットを終えて、最後に内気浴スペースへ。ふわふわポンチョに包まれてインフィニティチェアから起き上がれずにいると……その後のスペシャルタイムは、ぜひ読者ご自身で体験してほしい。

「このサウナで『初めてととのった』『ととのいの概念が変わった』と言う方や、『日本一の水風呂！』とおっしゃる方もいます。ですが、このサウナはまだ未完成。もっともっと、いいものにしていきたいですね」

青松さんは〝サウナ変態〟もとい、あくなき探究心をもつ〝サウナ研究者〟だ。楽しさのあまりずっと笑い転げていた私だったが、最後にその熱い想いに感動してちょっと泣いてしまったのでした。

INFORMATION

稲積水中鍾乳洞《いなづみすいちゅうしょうにゅうどう》

〒879-7263 大分県豊後大野市三重町大字中津留300番地　0974-26-2468（9:00 ～ 17:00）

9:30 ～ 17:00（2時間）　休 無

¥ ［1人］9,000円　［2人以上］6,500円/人

【車】東九州自動車道大分米良《めら》ICより約1時間

電話より

山梨

乙女湖のほとりで人間と自然の「際《きわ》」に触れる

ホトリニテ

細い山道をしばらく進みトンネルを抜けると、薪が積まれた広場が現れた。車を降りるとほぼ同時に宿の扉が開く。いつから待っていてくださったんだろうと内心驚いた。オーナーの高村さんは、不思議と初めて会う感じがしない。標高1464m、一日一組限定の宿「ホトリニテ」は、ここだけ世界から切り離されているような、静かな時間が流れている。

ストーブに置かれた鉄鍋の中にはどっさりのモミの葉。お湯が沸くにしたがって、テント内もモミの香りに包まれる

ロウリュ水は鉄鍋で煮出したモミの葉エキスを熱々のまま。それ以外の香りづけは一切なし

平屋の引き戸を開けた瞬間、ハッと胸を打つものがある。オーナーの高村さんによって蒐集《しゅうしゅう》されたアート作品などがセンスよく置かれ、手入れの行き届いた空間になじんでいる。照明がなく外と同じ空気感を味わえる「水の部屋」や、土器などの骨董《こっとう》品が並ぶ「土の部屋」、山中湖で宿を営んでいたときの雰囲気を残した書斎など、宿内だけで充実した時間が過ごせそう。でも高村さんは「宿は玄関みたいなもので、私たちはアクティビティに9割の価値があると信じています」と語る。乙女湖の自然を知るために用意されたアクティビティは10種類以上。その一つが、サウナだ。

テントサウナMORZHのジップを上げると、ストーブの上には鉄鍋が置かれ、お湯がふつふつと沸いていた。摘みたてのモミがどっさり入った鍋から徐々にいい香りがたちこめる。そこに近所の農家さんからもらったブドウの木の薪が放つほのかに甘い香りも重なって、思わず深く呼吸をした。

「切株お化け」の上に座って、乙女湖畔の風を感じる。この雄大な自然に対して、自分はなんてちっぽけな存在なんだろう…

地下水を溜めたドラム缶水風呂の頭上には、青々としたモミジが伸びる。一人で入ると収まりがよく、ひんやりとした水温も心地いい。

深いエメラルドグリーンの乙女湖を眺めながら体を休める。圧倒的な湖を前にしてその存在感にぼうっとしていると、「この先に〝切株お化けの岬〟があるんです。行ってみますか?」と高村さん。

道をしばらく進むと、説明を待たずにその意味を理解した。湖の水位が上下することで、成長せずに流木化した切株が幾つも並び、水中まで続いている。初めて出合う景色に、思わず息をのんだ。やわらかい空を鏡のように映しだした乙女湖に、アメフラシがすぃと泳いで幾つもの波紋を生む。

「夜になると、星々が湖に映しだされ幻想的な世界が広がります。さらに湖が全面結氷する冬は、まるで、自分が違う惑星にいるような景色になるんです」

自然の前では自分はちっぽけ。だけどそんな自分をありのままで受け入れてくれるのも、自然なのだ。

水風呂は地下水を引き入れたドラム缶／もちろん外気浴も乙女湖のほとりで／細部に至るまで、オーナーの美意識と審美眼が貫かれた空間。書籍や調度品、アート作品の数々がしっくりとなじみ、落ち着きと心地よさを醸しだす／この日の夜ご飯は「Osajiカレー」とホトリニテのコラボディナー。2024年1月から、ホトリニテオリジナルのコース料理が新しくスタートした

INFORMATION

ホトリニテ

〒404-0007 山梨県山梨市牧丘町北原4139-1

0553-39-9661

【宿泊】[IN]14:00　[OUT]10:00　休 無

¥【宿泊】[平日]86,000円～/2人　[土日祝]90,000円～/2人

【車】中央自動車道勝沼ICより約45分

【電車】JR東日本中央本線塩山駅よりタクシーで約35分

HPより

JR岡山駅からバスで宇野駅に行き、タクシーに乗りこんだ。「昔の瀬戸内海はなぁ」なんて話を運転手さんから聞いていたら、「SETONITE」の真っ白な入り口が見えるまでは早かった。

砂利道の階段を跳ねるように駆け下りたのは、胸の高鳴りが収まらないから。よく焼けた肌が印象的な支配人の綾部さんが、手を振って出迎えてくれている。エントランスは、もうすぐそこだ。

岡山

空と海。自然が奏でる極上の風景

SETONITE《セトニテ》

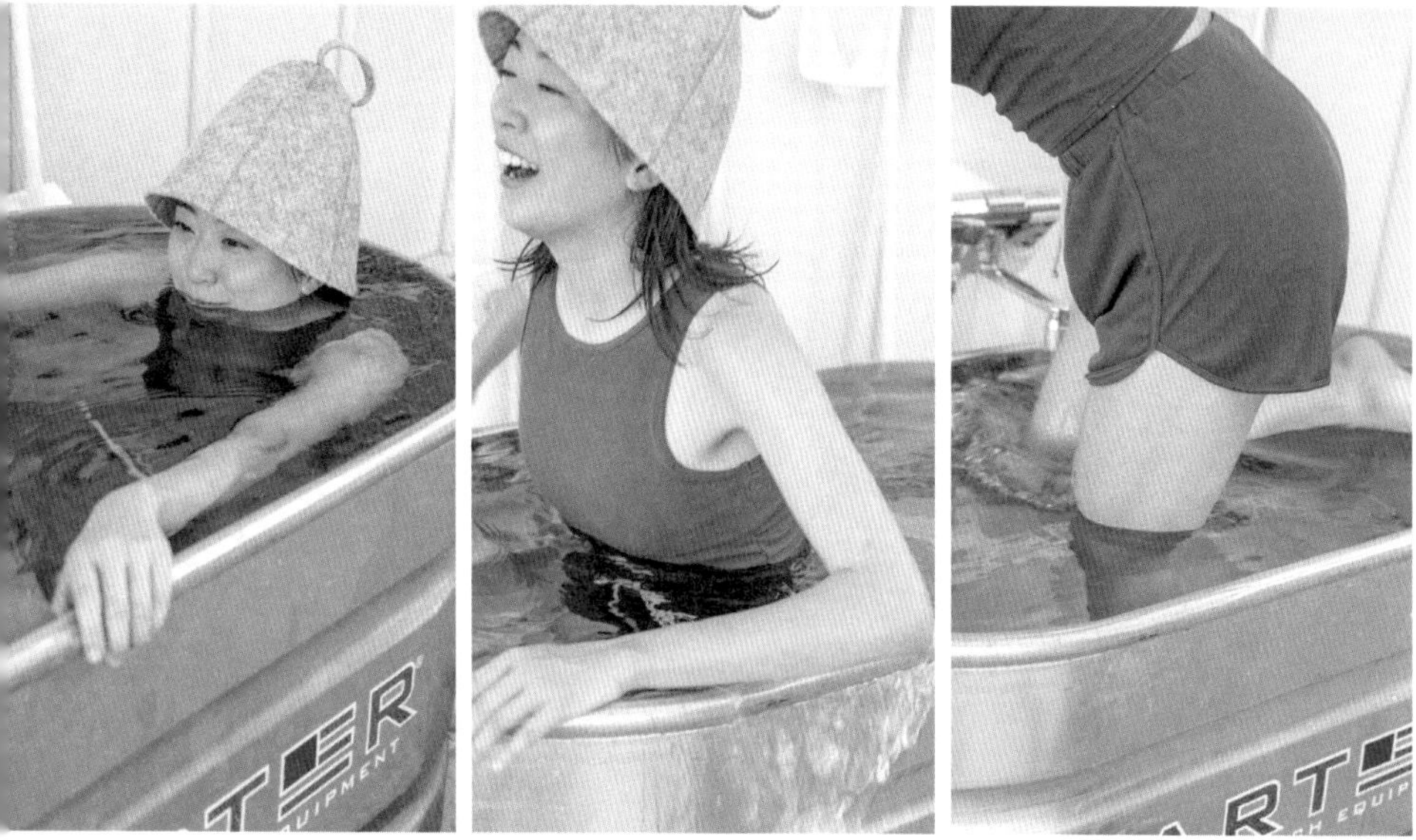

おしゃれなブリキ缶のバスタブは単体でも景色と一緒でも、写真映え抜群！

こんなにもサウナを出たくないと思うことは、なかなかない。バレルサウナの中央に設けられた窓の向こうに広がる瀬戸内海は、額に縁取られた絵画のような美しさだ。刻一刻と空が、海が移ろう姿を、なんとかして目に焼きつけたくなる。

ロウリュをすると、水をかけた瞬間に、水滴が弾けるように踊りだした。HARVIA「CILINDRO《シリンドロ》」の力強さがよくわかる。フレッシュな蒸気が気持ちよく、ますますサウナ室から出られない。

意を決してようやくサウナ室から出て、ブリキ缶のような可愛い水風呂で、クールダウン。サウナに長く入っていた分、水風呂もつい長居してしまう……この後の休憩は、どうなっちゃうんだろう？

「サウナの上に、ハンモックを作っちゃいました。ぜひ、水風呂の後は〝ネット浴〟も楽しんで来てくださいね」と言って、いたずらっ子のように微笑《ほほえ》む支配人の綾部さん。

ネ、ネット浴……!?

ドキドキしながら階段を上ると、「わぁ……」と思わず声が漏れる。遮るものが何もない、穏やかな瀬戸内海と広がる水平線。胸がきゅうっとする、空と海。青の眩しさに、こんなに圧倒されるなんて！

青い空と海で夏一色だった景色は、夕刻が近づくにつれて幻想的な雰囲気に。紫やピンク、朱色といろんな色が優しく混ざり合い、マーブル模様を描く。空と海の境い目が淡く、溶けていく……。

——＊——＊——

今回はちょっと早起きをして朝焼けサウナも堪能。まもなく陽が昇る気配を感じながら、サウナへ。ストーブの熱で陽炎《かげろう》のように揺らめく、海を眺める。

すっかり潮が満ちた瀬戸内海に足を浸すと、ゆっくりと体が目覚めるような冷たさだ。そのまま波に身を委ねれば、海の一部になったような感覚で、なんだか泣けてきてしまう。

ちゃぷん、とぷん、と揺れる度に潮の香りを感じる。もう間もなく、朝がくる。

瀬戸内海に朝日が昇るのを、サウナ室でじっと待つ／窓に映る景色は圧倒的な非日常／幻想的な朝焼けに、瀬戸内海も染まっていく／ヴィラ型のテントはベッドやエアコン、シャワーもあって快適そのもの

INFORMATION

SETONITE《セトニテ》

〒706-0001 岡山県玉野市田井5丁目-28-30

0863-33-1888 【宿泊】[IN]15:00 [OUT]10:00 【サウナ利用】[宿泊者]15:30 ～ 18:20 ／翌7:30 ～ 9:20(50分) [日帰り]11:00 ～ 14:30(90分) 不定休 ¥【宿泊料】19,000円～ /室(一泊二食付) 【サウナ利用料】[宿泊]2,000円/人 [日帰り]3,000円/人

【車】山陽自動車道備前ICまたは岡山ICより約55分／瀬戸中央自動車道児島ICより約40分／水島ICより約45分 HPより

三重

滝行水風呂で
煩悩よ、さようなら

飛《ひ》雪《せつ》の滝キャンプ場

サウナは3種のテントサウナから。予約の段階でどのテントに入るかを決めておこう

三重県最南端にある飛雪《ひせつ》の滝キャンプ場は、熊野川に沿った細い山道をしばらく進んだところにある。道が拓けた途端、ドドドド……と轟音《ごうおん》が聞こえてきた。

他のキャンプ場にはない体験をしてほしいと当時のスタッフの方が考えたのが、滝壺を水風呂にしたサウナだった。「今では北海道から沖縄まで、全国のサウナ好きの方が訪れてくださるようになりました。仕事の合間に、とスーツでいらっしゃる方もいますね」と、マネージャーの笠野さんは語る。

彼らの目的はもちろん、飛雪の滝。高さ30m、横幅12mの大迫力の滝に挑む前に、まずはサウナでしっかり体を温めたい。室温がマイルドな「SAVOTTA」から、熱々好き向けの「MORZH」「EX-PRO」まで、個性あるテントサウナは全3種類。薪を足して火力を上げ、ロウリュをすれば、しっかり蒸気が巡る。よぉし、これで滝への準備も万全だ！

人生初の滝行を経験！　完全に煩悩とおさらばしました……いや〜すごかった！

水辺に近づくと、空に舞う水飛沫《みずしぶき》が肉眼でもはっきりわかる。ドキドキしながら、いざ、入水！

ものすごい風圧に圧倒されながら、力強く泳ぎ進める。その後ワタクシ、人生初めての滝行を体験したわけですが……怒涛《どとう》のごとく水面を叩く滝は、もうスケールがケタ違い。脳天を揺さぶられるような感覚で、思考とか煩悩とか、そりゃもう一瞬でどっかへ吹き飛びました。ものの数秒で抜けだして、急いで岸へと泳ぐ、泳ぐ。

水風呂と外気浴をそれぞれ何分なんてルーティンは何処《どこ》へやら、無事に帰還した安堵《あんど》から、沈むようにリクライニングチェアへ。すると……あんなに厳しい試練を浴びせた滝から、優しい風と、ミスティな飛沫が降り注がれてくるではありませんか。もう、アメとムチがすごいよ……。しかも朝の時間帯なら、陽の光に合わせて虹が見えたりと、更なるヘブン感を味わえるそうだ。サウナはここまでできるのか。唯一無二の体験すぎました！

外気浴では滝からのやわらかいミストと穏やかな風にひたすら癒やされる／テントから煙が上がっていれば「営業中」。空きがあれば当日利用もOK ／飛雪の滝の名付け親はなんと紀州藩主の徳川頼宣《よりのぶ》公。滝の美しさに感動して「飛沫さながら雪の舞い」と漢詩に詠《よ》んだことに由来するそう

INFORMATION

飛雪《ひせつ》の滝キャンプ場

〒519-5718 三重県南牟婁郡紀宝町浅里1409-1

0735-21-1333

【宿泊】[IN]14:00　[OUT]10:00　【サウナ利用(2時間)】9:00 ～ 21:00（最終受付17:00まで／日帰り利用は最終受付15:00まで）　休 無

¥【SAVOTTA】2,000円/人　【MORZH】2,500円/人（7・8月は休止）【EX-PRO】2,000円/人

【車】紀勢自動車道南紀白浜ICより約90分　HPより

新潟

群青の水平線《ホライズン》が広がる夢のような日本海サウナ

サウナ宝来洲《ホライズン》

ラドルは金属加工の産地として知られる燕三条の特注品。滑らかな注ぎ口が狙ったところを外さない／大型MOKIストーブのお蔭で広々としたサウナ室も満遍なく温まる。スピーカーから流れる波の音が、窓越しに眺める日本海をすぐ間近に感じさせてくれる

日本海は寒々しく、荒々しい。そんなイメージがひっくり返るほどの穏やかで真っ青な海だった。“FIRE ROOM”と掲げられたサウナ室のドアには、昔、船で使われていた真鍮《しんちゅう》の丸窓が！　ワクワクしながら扉を開けると、サウナ室からパノラマビューの日本海。解放感がすごい！

現在は製造されていない大型のMOKIストーブは、300kgのストーンに耐えうる超ハイパワー。サウナ室は座面を広くし、すのこの隙間を広めにとることで、空気の通り道を確保した。熱波との相性も抜群だ。

ザザーッと聴こえる波音は、上質なスピーカーからのBGM。臨場感がさらに高まり海への気持ちがはやったら、少しギアを上げてロウリュを。

見たことのないラドルは、新潟・燕三条《つばめさんじょう》の伝統技術の賜物だ。一枚の金属板で作られた重厚感あるラドルを持ち上げ、そうっと水をかけると、狙い通りの場所へ一筋の水が流れる。う、美しい……！

宝来洲《ホライズン》の水風呂はなんと全3種類。まずは地下から汲みあげた井戸水。まろやかで体に優しく、ちょうどいい水温だ。2つ目は川。3つの中で最も水温が低く、ひんやり気持ちいい。そして最後が海。夏場の水温は20度程だが、川と海の境目を陣取れば、ぬるい水と冷たい水が交互にやってきて、勝手に温冷交互浴状態。同じ水でもこの温度差、面白すぎる！
外気浴もバラエティ豊か。屋上のベンチで海を見ながらの休憩や、波打ち際にパラソルを差して、波の音を存分に楽しむ休憩も最高だ。砂浜のハンモックに寝っ転がってもいい。
お供のドリンクには、〝オロナズン〟か、〝アイスボックスズン〟を。甘さ控えめ、塩分たっぷり、ほのかにココナッツが香るオリジナル炭酸水〝ズン〟で割れば、いつもの飲み物も南国パラダイス仕様に！
冬には日本海が一変し、突風と雪で荒れるそうだが、ハードコアサウナーなら、ぜひ体験したい。待ってて、冬の日本海！

オリジナル炭酸水"ズン"!

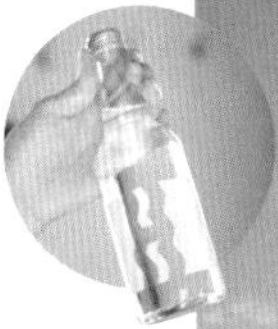

サウナ室のドアの丸窓やドアノブは、実際に船で使用されていたもの／外気浴は屋上ベンチで海を眺めながらも、砂浜のハンモックに横たわるも、波打ち際のビーチチェアで潮風に吹かれるのも思いのまま！／オリジナルのサウナドリンク、"アイスボックズン"は、サウナ室内で飲むのもOK

INFORMATION

サウナ宝来洲《ホライズン》

〒945-0855 新潟県柏崎市鯨波《くじらなみ》2-3-6

0257-41-6270

[月曜]12:00 ～ 18:00　[金曜]20:00 ～ 22:00
[土日祝]10:00 ～ 20:00(2時間)

火・水・木曜(1月・2月は原則10時枠なし)

【パブリック】2,500円～/人　【貸切】18,000円～

【車】北陸自動車道米山《よねやま》ICより約5分　HPより

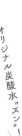

鹿児島

火の神に捧げる絶景サウナ

sankara hotel & spa 屋久島

サウナはサンスクリット語で「火の神」の意味をもつ「アグニ」と名付けられている／屋久島の月桃オイルとハーブが入ったロウリュは、独特の甘さと苦みとフレッシュ感が他にはない香り

屋久島空港から車で約30分。国道から農道に入れば色とりどりの花やヤシ、バナナの木が広がり、ツマベニチョウがひらひらと舞う。世界自然遺産に登録されている屋久島は、日本の四季が全てあり、この島だけで日本列島が縦断できるとも。そんな屋久島の豊かな自然を満喫できるのが「sankara hotel & spa 屋久島」。ここは大人の楽園だ。

スポーツジムやライブラリー、リラクゼーションスパなどが併設され、ホテルステイに飽きることがない。そしてサウナは、ホテルの中で最も眺めのいいインフィニティプールの隣という好立地だ。

サウナ室を開けた途端、地杉の香りに包まれた。そして四方に広がる窓からは屋久島の雄大な森と、どこまでも続く水平線が望め、思わず感嘆の息が漏れる。ロウリュ水は、ハーブウォーターに屋久島で採れた月桃《げっとう》のエキスをブレンド。甘さと苦さが入り混じるような不思議な香りで、知らずしらずのうちに、ディープ・リラックスの世界へと誘われていく。

sankara hotel & spa 屋久島

　屋久島は「水の島」ともいわれ、日本でも珍しい超軟水が飲める。水風呂代わりのプールももちろん、超軟水。驚くのは、その肌なじみのよさ。思いっきり潜水をして、全身でやわらかい水を受けとめる。

　休憩では素焚糖《すだきとう》や月桃など、屋久島の食材を使った特製サウナウォーターを。こっくりとした自然由来の甘さにすっきりとした後味がマッチし、気づけば飲み干していた。

　夕方になるとプールの一角に焚き火が焚かれ、スモーキーな薪の香りが辺りに漂う。空と海に描かれた繊細なグラデーションは時間とともに移ろい、次第に闇夜が訪れる。

　朝焼けの時間は、一変してくっきりと濃く、燃えるようなオレンジと、白んだ海とのコントラストが広がる。自然と時間が織りなす息をのむ美しさは、どの瞬間を切り取っても奇跡の連続だ。

　空と大地から有り余るパワーをもらって、「sankara」を後にした。よし、明日からまた頑張るぞ！

水風呂は超軟水の24mプール。潜って泳いで、気持ちいい～／特製サウナウォーターは素焚糖や月桃、ハイビスカスローゼルなど屋久島産の素材にこだわって作られている／外気浴スペースはプールサイドにふんだんにあり、どこからでも海が臨めるという贅沢

INFORMATION

sankara hotel & spa 屋久島

〒891-4402 鹿児島県熊毛《くまげ》郡屋久島町麦生《むぎお》字萩野上55
0800-800-6007
【宿泊】[IN]15:00　[OUT]13:00
【サウナ利用】7:00 ～ 18:30(60分または90分)　休 不定休
¥【宿泊】48,000円～ 1人(一泊二食付、2名1室)
【サウナ利用】12,000円/60分／ 18,000円/90分(4人まで)
【車】屋久島空港より約40分(無料送迎有、要予約)　HPより

長野

走ってダイブ！
湖畔サウナを味わい尽くせ

SAUNA STAND KOKAGE.

ダークウッドのバレルサウナとずらりと並んだインフィニティチェア、そして木崎湖。見た瞬間にどことなく“青春”を感じて懐かしさがこみあげる

肩の力が抜けたやわらかい雰囲気のオーナー・百瀬さんは26歳。木崎湖《きざきこ》に惚れこんで同地のガイド業を7年務めた後、「SAUNA STAND KOKAGE.」をオープンした。湖畔で過ごすカルチャーを広め、木崎湖がある大町を盛り上げるため。「せっかくサウナをやるのなら、こだわり抜いた本物にしようと思いました」(百瀬さん)との言葉通り、キットのバレルサウナにはない、細かなこだわりが詰まっている。

茶室のにじり口のように小さく設けた扉をくぐってサウナ室に入ると、細長い窓に木崎湖の静かな景色が切り取られる。地元の工務店さんの協力を得て、木曽の檜で作られたバレルサウナは、香りがとてもいい。サウナの熱に耐えられるよう、ひまわり油の塗料を贅沢に塗布した。落ち着いた色味のサウナは、自然に溶けこむ風合いだ。日が暮れると辺りは真っ暗になり、薪の灯りのみが光源になる。ノイズが入らず、ぼうっとできる空間が湖畔に出現する。

SAUNA STAND KOKAGE.

オーナーの百瀬さんのこだわりで、窓の幅も木崎湖が美しく見えるサイズに設計。夜には真っ暗に

水風呂代わりの木崎湖は、北アルプスの雪解け水が源流だ。透明度が高く、泳ぐ小魚もよく見える。サウナ室を出たら、桟橋をダッシュして、そのまま思いっきり湖へダイブ！　ぷかぷか浮きながら空を眺めたり、スイ〜ッと泳いだり。あぁ、なんて気持ちいいんだろう。

休憩スペースにずらりと並んだインフィニティチェアは、どことなく放課後青春感が漂う。皆で横並びで休んでもいいし、湖の浅瀬にチェアを移動させてもOK。体の一部が湖に浸かれば、何ともいえない浮遊感を味わえる。

「木崎湖は本当に面白い場所で、日ごとに景色がまるで違います。冬には湖がシャリっとシャーベット状になり、自分で割りながら入水するんです。その様子を見たフィンランド人のお客様が“This is Finland!”と言ってくださいましたね」

このサウナで、初めて木崎湖を知った。次、来るときには、また違う魅力に出合えるに違いない。

栈橋で音楽を聴きながら日が暮れるのを待つのもおススメ／湖畔に並ぶインフィニティチェアを浅瀬に移動させれば、体の一部が湖に浸かり“浮遊浴”も。とんでもない多幸感…／サウナを出たらライフジャケットを着用して湖にダイブ！　夏場はずっと泳いでいられる、ちょうどいい水温

INFORMATION

SAUNA STAND KOKAGE.
〒398-0001 長野県大町市平森9707-1
070-9023-5254
10:00 ～ 20:00（2時間）
不定休
¥ 10,000円～ /2人（最大8人まで）
【車】長野自動車道安曇野ICより約1時間
HPまたは電話より

香川

ここはまるで竜宮城！
時を忘れる極楽サウナ

URASHIMA VILLAGE

水風呂は目の前に広がる瀬戸内海。透明度が高く穏やかな海を貸切状態。サウナの隣にはジャグジーバスもあり、そこから海を楽しめる／サウナーで大の字にならない人はいないと思うほど、休憩にぴったりの“ととのい岩”。夢のように美しい海、さんさんと降り注ぐ太陽…もう帰りたくなーい！

瀬戸内海は網目の光模様を描きながら黄緑、水色、瑠璃《るり》色とグラデーションを広げている。こんな景色を見たら、どうしたって、幸せな気持ちになってしまう。

「URASHIMA VILLAGE」は、浦島太郎が亀を助けたとされる丸山島《まるやまじま》を望む場所にある。バレルサウナは海側が一面窓で、瀬戸内海を一望。熱さを逃さぬよう前室を増設し、室温は約90度にキープされる。

はやる気持ちを抑えきれずサウナを飛びだした。真っ白な砂浜を駆けぬけ、エメラルドグリーンの海へ思いっきり飛び込む！　美しさはそのままに、グッと水温が下がる冬場も、ぜひ体験したい。

どこで休憩しようかと浜辺を歩くと〝ととのい岩〟を発見！　岩に寝っ転がって、潮風と太陽の恵みを全身で受けとめる。

楽しい時間はあっという間で、竜宮城に行ったみたいに時間がたっていた。そろそろ、日常に戻ろう。でも、またすぐ、この海に会いに来るよ。

INFORMATION

URASHIMA VILLAGE

〒769-1104 香川県三豊《みとよ》市《し》詫間町《たくまちょう》大浜乙171-2

0875-24-8866

【宿泊】[IN]15:00　[OUT]11:00

休 無　¥27,800円～/人

【飛行機】高松空港よりタクシーで約60分（専用の貸切タクシー有、要予約）【電車】JR予讃《よさん》線詫間駅より車で約20分

HPまたは電話より

長野

野尻湖を真下に見下ろす別荘サウナ

Anoie

サウナ室からも野尻湖を独り占めできる。いつまでも眺めていたくなる美しさだ／水風呂はチラーなしでも15度をキープ。冬場はふかふかの雪が水風呂の淵にも積もる

オーナーの吉原ゴウさんが生まれ育った野尻湖近くにある「Ano·ie」は、「ゴウさんの〝あの家〟に行きたい」と皆から愛される場所だ。

サウナ室に設けられた大きな窓からは、光を反射しキラキラ輝く野尻湖を存分に堪能できる。熱が上に滞留する造りなので、上段に大人、下段の入口付近に子どもが座れば、家族一緒にサウナを楽しむことも。もちろん、セルフロウリュも可能。サウナストーンの大きさや置き方を工夫して生まれた空気の通り道のお蔭で、ムラの無い蒸気が味わえる。

水風呂は信濃町の水をたっぷり溜めて。チラーや氷を入れずとも15度にキープされた水温が堪《たま》らない。そのままぐでっと大の字になって休憩しよう。人がいない。人工的な音もない。コバルトブルーの野尻湖と、くっきりとそびえ立つ妙高山《みょうこうさん》を前に休んでいたら、葉が一枚、ひらりと舞い落ちた。

初めてととのった日を思いだすような多幸感。この景色に出合えて、本当によかった。

INFORMATION

Anoie

〒389-1312 長野県上水内郡信濃町富濃3946-7
なし　【宿泊】[IN]15:00　[OUT]11:00　休 無
¥【宿泊料】40,000円～（6人まで／サウナ利用料含む）
【車】上信越自動車道豊田飯山ICより約15分
【電車】JR長野駅より車で約40分／しなの鉄道古間《ふるま》駅よりタクシーで約5分（要予約）
Airbnbより

長野

雪解け水の水風呂か 広がる白馬の山並みか

From P HAKUBA

日帰りのバレルサウナは間仕切りされており、体感温度が変わる／好きな香りを選べる“ロウリュバー”は、りんごやゆず、アカマツなど季節に合わせた香り5種をラインナップ。香りのブレンドもおかわりも、自由自在／ストーブは超ハイパワー！　ロウリュした蒸気は長い間宙を舞っていた

日帰り用サウナは室内が仕切られ、異なる温度を楽しめるというユニークな造り。ベンチonベンチに座れば、高さが増す分、体感温度はさらに上昇。薪が勢いよく燃えるＨＡＲＶＩＡのストーブが、ロウリュ後も白い蒸気を長く漂わせる。

サウナ室を出ると目の前にそびえ立つのは、高さ２ｍの醤油樽水風呂だ。ハシゴを上り、勢いをつけて思いっきりドボン！　水は、白馬山の山水が扇状に広がり流れこんだ、いわば雪解け水。カルシウムやマグネシウムが多く含まれ、肌あたりもやわらかい。ひんやり冷たいのにずっと入っていられる。

日帰り用以外の4基のバレルサウナは宿泊者専用で、宿泊中はサウナが入り放題。中でも〝ラウデ〟と名付けられた宿泊棟のバレルサウナ限定で、標高２０００ｍ超の白馬三山を楽しめる。山の景色を特等席で味わえるように、山側の窓は全面クリア素材にしたという。樽水風呂か、白馬の山景色か、はたまた両方か!?　楽しみ方はあなた次第。

INFORMATION

From P HAKUBA

〒399-9301　長野県北安曇郡白馬村北城瑞穂3020-45
0261-72-3780　【宿泊】[IN]15:00　[OUT]10:00
【日帰りサウナ】10:00 〜 21:30(150分)
休 無　¥【宿泊】15,000円〜 /人(6人まで)
【日帰りサウナ】3,000円〜 /人(6人まで)
【車】白馬/大町/白馬長野有料道路方面の長野県道31号出口より約30分　HPより

秋田

日本一深い湖を水風呂にする至福

タザワコサウナ

テントサウナの入口で、ナマハゲのお面に迎えられた。ちょっと怖いけど守られている気分／日本一深いといっても浅瀬もあるのでご安心を／湖のほとりだけでなく、タープの下や森の中で、森林外気浴もできてしまうのが嬉しいポイント

恥ずかしながら田沢湖を知らなかった。だがその美しさを前にしたら、一瞬で虜《とりこ》になってしまった。

桜の木の下に設営されたサウナは、ＭＯＲＺＨのテントサウナ。秋田のナマハゲのお面が飾られた扉を開けると、しっかり熱を感じる。本日のロウリュは八角《はっかく》の香り。八角を煮出して作ったロウリュ水からは、杏仁《あんにん》のような甘い香りが漂ってくる。

浮き輪を持って、いざ日本一の深さを誇る田沢湖へ。夏場の水温は20度程。風に合わせて波が生まれ、ぷかぷか漂っての水風呂兼外気浴は、至福。

圧倒的な静けさと解放感の中での休憩も大きな魅力の一つ。リピーターも多く、「タザワコサウナしか行かない！」という方がいるのも、うなずける。

サウナの後は乳頭温泉郷や、より真っ青な田沢湖が楽しめるウグイの餌《え》付《づ》けスポットもおススメ。日によって青やエメラルド色、藍色に変わる田沢湖を、何度でも楽しみたい。

INFORMATION

タザワコサウナ

【BASE1】〒014-1204 秋田県仙北市田沢湖田沢春山37-5
【BASE2】〒014-1204 秋田県仙北市田沢湖田沢春山152
無　10:00 〜 18:30（2時間半）
火・水・木曜
¥ 15,000円/1組（4人まで）
【電車】JR田沢湖線田沢湖駅より車で約10分
HPより

大分

日本初のサウナ旅館で朝から晩までサウナ尽くし

Ryokan & Sauna Yorozuya Hita

朝にはのんびりとSUPを楽しむ地元の方が！ 三隈川に広がる波紋が美しい／ロウリュ用のアロマは地元大分のカボスの香り。苦味を感じる柑橘が爽やかに広がる

コロナをきっかけに100年続いた老舗《しにせ》旅館は、日本初のサウナ旅館に生まれ変わった。全8つの客室にプライベートサウナを完備したのだ。それは、滞在型の新しいサウナ旅の提案だ。

部屋に着いたらまず、ウェルカムサウナ。九州の美食をギュッと詰め込んだ〝サウナ懐石〟をいただいた後にも、またサウナ。寝る前サウナと寝起きサウナを楽しんで、チェックアウト前には駆け込みサウナ。それだけサウナに入りたいと思える理由は、サウナ室から見える雄大な三隈川《みくまがわ》にある。

流れがほとんど見えない、こんな川があるんだと驚いた。穏やかな川は日の暮れる頃、川床に灯りが点き始める夜と、ＳＵＰを楽しむ人が見える朝とでは、全く違う表情を魅せる。そして移ろいゆく空をのびのびと鳥が舞う。眺めているだけで、あっという間に時間は過ぎていく。なのにこんなにも満たされる。

長い歴史に裏打ちされた洗練の空間で、また帰ってきたくなるような温かさがそこにはあった。

INFORMATION

Ryokan & Sauna Yorozuya Hita

〒877-0044 大分県日田市隈1丁目3-12　0973-22-3138

【宿泊】[IN]15:00　[OUT]10:00

不定休

¥【宿泊】133,100円～（一泊二食付／2名1室）

【車】大分自動車道日田ICより約10分

【電車】JR日田駅より車で約5分（送迎有、要予約）

HPより

名物
サうな最中！

山梨

透明度抜群！
西《さい》湖《こ》、サイコー!!

西湖キャンプビレッジ・ノーム

サウナトラックからキラキラ光る西湖を眺める。風が心地よく、ここでの外気浴もサイコー！／水風呂は西湖の優しい水で。つい泳ぎたくなるくらいの気持ちよさ

「サイコー！」何度となく、自然とその言葉が出てしまった。〝西湖サイコーサウナトラック〟は、湖畔や森の中など、好きな場所でサウナができる。例えば、設営したテントのすぐ横がサウナ場に早変わりするのだ。

定員4名のコンパクトなサウナは、熱の巡りがとてもいい。温かいほうじ茶のロウリュも、すぐさま蒸気に早変わり。匂いもしっかり立って楽しめる。細長い窓から見える西湖は、陽の光を浴びてキラキラと輝いている。

山の湧き水が流れてできた西湖は驚くほど透明度が高く、匂いも全くない。水質がとてもやわらかいので、低めの水温でも肌に突き刺さるような痛さとは無縁。長く入れる気持ちよさが、まさにサイコー！

天気がいいと富士山の頭もひょっこり現れる。平日や冬、そして春先といった時期こそ静かな雰囲気を存分に満喫できるのでおススメだ。気嵐があがる幻想的な西湖と出合えるかもしれない。

INFORMATION

西湖キャンプビレッジ・ノーム

〒401-0332 山梨県南都留郡富士河口湖町西湖1030

0555-82-2650

9:00 ～ 17:00（3時間）／ 18:00 ～ 21:00（サウナ処ゆのわ限定）

休 無　¥【平日】11,000円（2人～）

【土日・休前日】14,300円（2人～）

【車】中央自動車道富士吉田線河口湖ICより約15分

HPより

北海道

世界自然遺産の知床で ホテルステイ・サウナ

北こぶし知床 ホテル & リゾート

テラスからはオホーツク海の眺めがダイレクトに見渡せる。冬には運がよいと流氷も見られるそう／サウナ室も海側に面しているので、船の動きやカモメの鳴き声を聴きながら、ゆったりした気分で過ごしたい／テラスの「ととのいスペース」には天然温泉も！ 温まりやすく、冷めにくい泉質

知床は奥が深い。何日も滞在して、大自然の中、トレッキングを楽しむ人がいるのもうなずける。と、思ったら「サウナ付スパスイートに連泊して、ずっとサウナという方もいますよ」とスタッフの村上さん。そう、ここには客室専用のサウナが付いた約１００㎡のスイートルームがあるのだ。

サウナは自由に温度設定が可能な他、音楽やライトの色も好みで選択できる。近郊の北見のハッカ油でロウリュをし、身体を温めたら水風呂へ。サウナ室を出てすぐ横という完璧な動線でクールダウンをしたら、デッキに出て外気浴だ。

ポンチョを羽織ってリクライニングチェアやソファでひと息ついたら、知床八景のオロンコ岩を眺めながら海風を感じよう。流氷の時期には、目の前の船着場まで流氷が近づくという。季節の移ろいが細やかな知床に、一日として同じ外気浴はないのだ。

周りの目を気にせず、好きな時間に好きなだけサウナを堪能し、特別なホテルステイを楽しみたい。

INFORMATION

北こぶし知床 ホテル&リゾート

〒099-4355 北海道斜里郡斜里町ウトロ東172番地

0152-24-2021（平日10:00 ～ 18:00）

【宿泊】[IN]15:00　[OUT]11:00

¥【サウナ付スパスイート】48,000円～/人（2名1室）　休 不定休

【飛行機】女満別空港より車で約1時間50分

【バス】ウトロ温泉バスターミナルより徒歩約5分

HPより

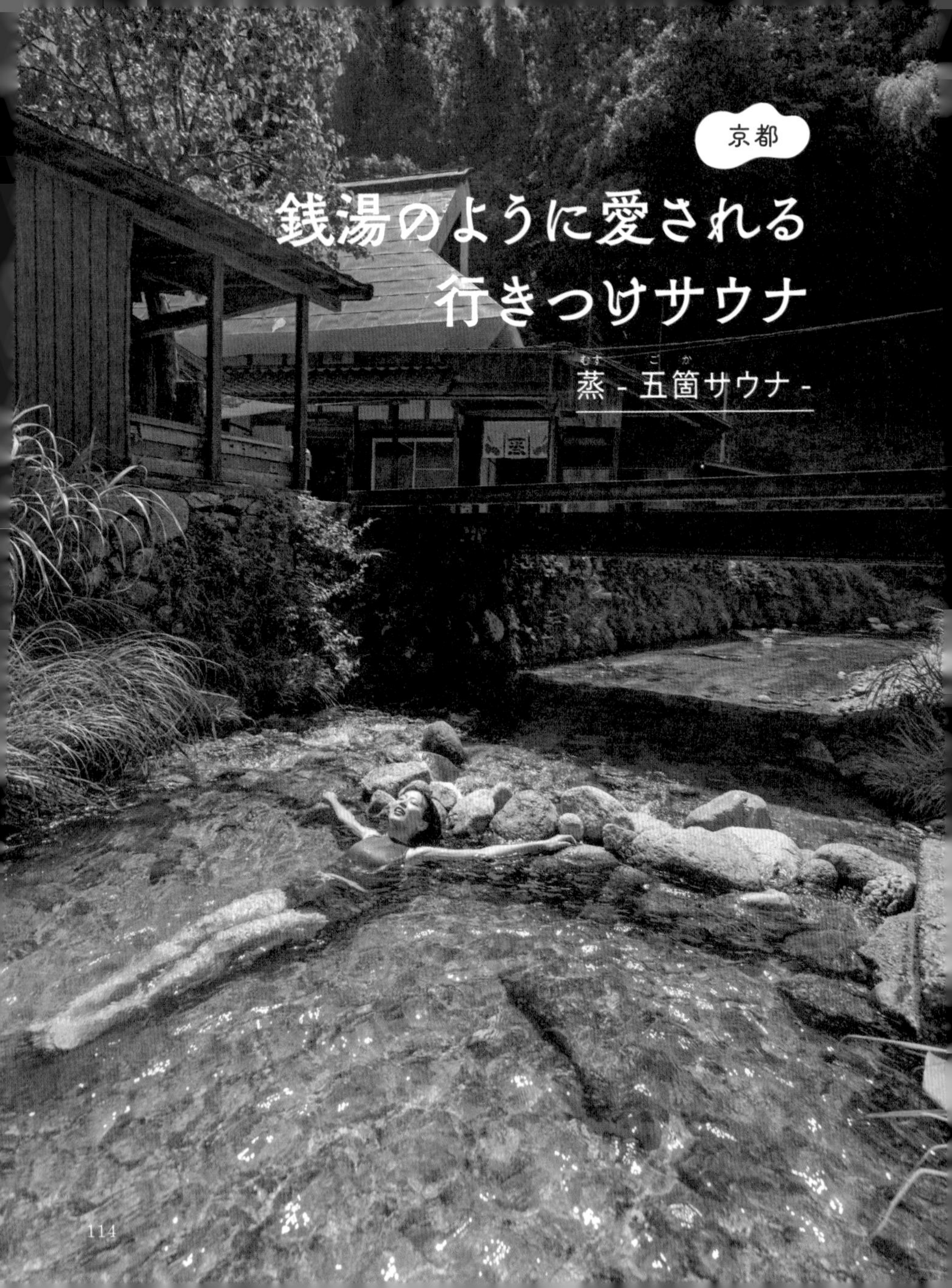

京都

銭湯のように愛される行きつけサウナ

蒸《むす》 - 五《ご》箇《か》サウナ -

サウナは施設名の通り、じっくり蒸されるような湿度の高さ／囲炉裏スペースはサウナ室とは別棟。火を囲みながら暖をとったり、運がいいと京丹後の地のフルーツなどが振る舞われることも／施設名のロゴが入ったのれんは、丹後ちりめん。「蒸」の真ん中には人が蒸されているイラストが！

小さい頃から銭湯が大好きな支配人の樹律《きり》さんは、サウナの聖地、長野の「The Sauna」でサウナを学び、生まれ故郷の京都で「蒸《むす》-五箇《ごか》サウナ-」をオープンした。

The Sauna の経験を踏まえベンチ高やサウナストーンにもこだわったサウナは湿度がとても高く、いつまでも入っていたくなる気持ちよさ。じっくりと自分と向き合うもよし、友人とおしゃべりして過ごすもよし。居心地のいい空間にホッとする。

水風呂代わりの鱒留川《ますどめがわ》は地元の高校の生物部の生徒と協力し、生き物も住みやすいようにと整備した。透明度が高く、そよそよ漂う藻も美しい。夏場は水遊びをしたり、そのまま日光浴をしたくなるような、ちょうどいい水温だ。

貸切サウナを開放する地域開放デー〝みんなの蒸《むす》〟には、近隣から多くの人が来るという。お客さん同士で銭湯のような交流を楽しめるのも、「五箇サウナ」ならでは。皆で囲炉裏を囲みたい。

INFORMATION

蒸《むす》-五箇《ごか》サウナ-

〒627-0053 京都府京丹後市峰山町鱒留1648

080-8911-6752 【貸切(150分)】[金・土・日曜・祝日] 10:00～18:30 [月曜]10:00～15:30 【みんなの蒸(60分)】[月曜] 16:30～20:00(祝日は通常の貸切営業)

¥【貸切サウナ】16,000円～/4人まで 【みんなの蒸】京丹後市民500円/人、市外1000円/人 休 火・水・木曜 【車】山陰近畿自動車道京丹後大宮ICより約25分 HPより

和歌山

オーシャンビューを特等席で

SHIRAHAMA KEY TERRACE HOTEL SEAMORE

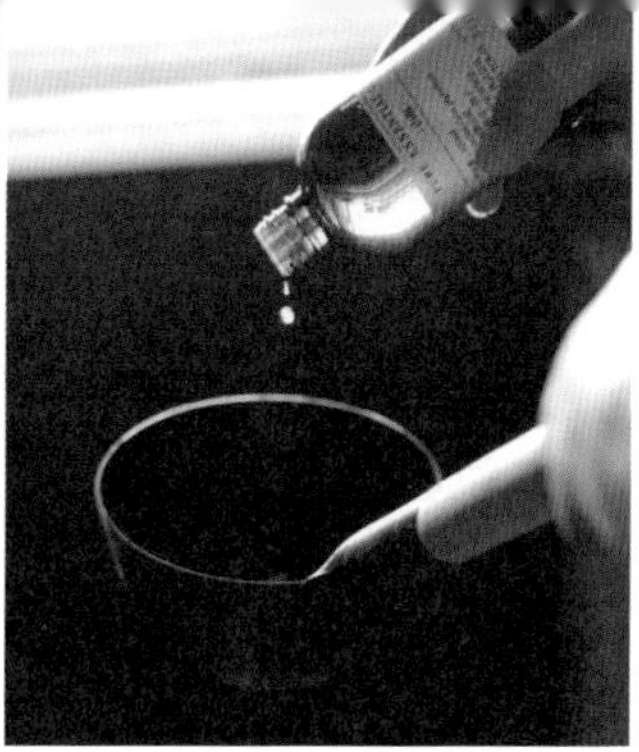

ロウリュ用のアロマはボトルデザインもおしゃれ。「みかん」「ゆず」「山椒」の3種から一番人気の「山椒」をチョイス／ドリンクは和歌山名産のみかんジュースやジンジャーエールなど／広々とした室内にはミニキッチン付きのリビングスペースも完備。オプションでマッサージを受けられるプランも

とりわけオーシャンビューが美しい場所に作られた貸切サウナが「SAUNA HOUSE on」だ。サウナ室の扉を開ければ、白浜の波の音や鳥の声を録音したオリジナルサウンドが聞こえ、大きな窓の向こうには海が広がる。ロウリュ用オイルはみかん、ゆず、山椒と、和歌山ならではの香り3種類。一番人気の山椒はぴりりと爽快感があり、ロウリュをすれば思わず涎《よだれ》が出そうになるほど本格的。

水風呂はチラーを導入し約17度に。そして、真っ青なタイルが海に溶け込むインフィニティ設計だ。隣には露天風呂もあるので、温冷交互浴も楽しめる。

オリジナルポンチョをまとってクールダウン。飲み物はオールインクルーシブで、みかんジュースやジンジャエールの他、梅のワインや地ビールも！

観光地へのアクセスもよく、つい計画を詰め込みたくなるが、せっかくなら海に沈む夕日を楽しんでから。白浜ののんびりとした時間を満喫しよう。

INFORMATION

SHIRAHAMA KEY TERRACE HOTEL SEAMORE

〒649-2211 和歌山県西牟婁郡白浜町1821

0739-43-1000

【SAUNA HOUSE on】9:00 ～ 22:00　休 ホテルの休館日

¥66,000円～ /2 ～ 8人（3時間～）

【飛行機】南紀白浜空港より車で約5分

【車】近畿自動車道紀勢線南紀白浜ICより約20分

HPより

神奈川

誰もが虜になる リバーサイド・サウナ

DAICHI silent river

サウナ室は2畳程とコンパクトだが、道志川に面して広く間口が取られた窓のお蔭で、狭く感じない／サウナ室のそばには薪風呂も！ ゆったりとした大きさにリラックス／外気浴では、持参した椅子を好きなところに設置してもOK。大きな石も沢山あるので、お気に入りのスポットを見つけたい

首都圏から車で約60分とアクセス抜群の立地ながら、手つかずの自然の中でサウナを楽しめるのが「DAICHI silent river」だ。

茶室をイメージしたサウナ室は、建築家の谷尻誠さんが設計。入口扉には、土佐和紙を使うというこだわり。コンパクトな造りだが、大きな窓の解放感が気持ちいい。たまたま居合わせた人同士で会話が弾むような、居心地のよい時間が流れる。

水風呂は既設の桶《おけ》も利用できるが、ぜひ目の前の道志川で。エメラルドグリーンの川は、絶滅危惧《きぐ》種のトウキョウサンショウウオも生息する水質のよさ。その透明度を、プカリと浮いて全身で感じたい。

体が冷えてきたら、薪風呂もあるのでご安心を。温度調整はスタッフの方にお任せできる。

ここで初めて自然と触れ合い、アウトドアサウナに開眼する人も多いのではないだろうか。

美しい景観をじっくり味わいながら、この自然を次世代に受け継いでいきたいと、思った。

INFORMATION

DAICHI silent river

〒252-0186 神奈川県相模原市緑区牧野11455

080-4407-6699

【宿泊】[IN]13:00　[OUT]11:00【日帰りサウナ】8:00 〜 18:00　休 無

¥【キャンプ】30,000円/4人・1区画・テント1張

【日帰りサウナ】20,000円/4人・1区画・テント1張

【車】中央自動車道相模湖ICより約60分　HPより

愛知

フェリーで島へ！
海を見ながらチルタイム

きの助 島のサウナ

サ室は定員12名なので、ゆったり広々～。解放的な大きな窓がアクセント／水風呂は一人用の壺型サイズの他に、複数名で入れる大きなサイズのものも。冬季限定で露天風呂になるのも嬉しい！

名古屋から車で約1時間、師崎《もろざき》港からフェリーに揺られて約10分。気軽に訪れられる島が日間賀島《ひまかじま》だ。

「きの助旅館」にある「島のサウナ」は、定員12名と室内は広々。しかし、サウナの熱さを侮るなかれ。特注の対流式サウナストーブは、下段でもしっかり熱さを感じられる。大きな窓を縁取る特徴的な流線形は、島と波がモチーフだ。両サイドにドアとシャワーが完備されているのも、素晴らしき動線かな。

一人用の壺水風呂に浸かって思いっきりオーバーフロー！ 溢れた分はすぐに蛇口から給水できるので、いつもなみなみの満水状態を楽しめる。

休憩スペースから望む海はキラキラと陽光を反射して、水面にできた光の道が美しい。南の島の余暇をテーマに選定された、様々なジャンルのワールドミュージックをBGMにチルアウト。宿泊者は、6時から23時まで何度でもサウナを利用できるので、早朝や日没など表情が変わる海を味わい尽くしたい。

自慢の海の幸！

INFORMATION

きの助 島のサウナ

〒470-3504 愛知県知多郡南知多町日間賀島浪太《なぶと》56

0569-68-2448

【宿泊】[IN]14:00　[OUT]10:00

【サウナ利用】[宿泊者]6:00～23:00　[日帰りサウナ]9:00～19:00(150分)　休 無休

¥【宿泊】28,600円～/2名1室(一泊二食付)　【日帰りサウナ】3,850円

日間賀島西港より徒歩3分　HPまたは電話より

青森

十和田湖で
自然と一体になる

十和田サウナ

サウナ室の窓からは、森を抜けた先の十和田湖が見える。この後の水風呂に期待が高まる…／湖のほとりに用意されたととのい椅子。オットマンも付いて、全身リラックス／サウナ室から10秒で十和田湖へ！ その透明度は、思わず駆け出したくなるほど

「湖畔の仲間同士で、テントサウナで遊んでいたのが始まりです。十和田湖ともっと仲良くなるための橋渡しをしてくれたのが、サウナだったんですよね」と振り返る代表の中野さん。

ロシアから取り寄せたバレルサウナは、ストーブ上部にタンクを設置して、湿度を保つ仕様。ロウリュは北東北で採れたクロモジのオイルを垂らした熱湯で。オプションで岩手の白樺や十和田のダケカンバを束ねたウィスクを頼めば、さらに森を感じてリラックスできる。特注品の分厚いフエルトのサウナハットのかぶり心地にもほっこり。

十和田湖は透明度が12mある、奥《お》入瀬《いらせ》渓流の源流となる湖。曇ったり晴れたり、細かな空の移ろいが鏡のように湖に映しだされる。雪が降り積もる冬は、静謐《せいひつ》なモノクロの世界が広がるのだそう。

穏やかな時間が流れるからこそ、じっくりと自分と向き合うことができる。都会の喧騒《けんそう》から離れたくなったら、ぜひ訪れたいサウナだ。

INFORMATION

十和田サウナ

〒018-5501 青森県十和田市奥瀬《おくせ》十和田湖畔宇樽部《うたるべ》宇樽部キャンプ場内　無

【4～9月】9:00～17:00　【10～11月】10:00～16:00(2時間)
【12～3月】10:00～(森歩きを含め5時間、サウナ利用は3時間貸切)

11月下旬～12月中旬、4月上旬～4月中旬

¥【平日】23,000円(4人まで)　【土日祝】25,000円(4人まで)

【車】東北自動車道十和田湖ICより約50分　HPより

新潟

穏やかな時間が流れる築100年の古民家サウナ

SHIIYA VILLAGE

サウナ室の心臓はMOKIストーブ。約10分に1回薪を足すきめ細かさが、気持ちいい温度・湿度を醸成する／水風呂は2種類用意されており、地下水を汲んだ室内の水風呂と、屋外の一人用の樽水風呂がある／外気浴スペースは至るところに。古民家と石造りの壁はしっくりマッチする

椎谷町を盛り上げようと、全国５００以上のサウナを巡ったオーナーが立ち上げた「SHIIYA VILLAGE」。築１００年の古民家を改装し、懐かしくも洗練されたサウナ施設として再生させた。カップルや女性同士の利用が多いというのも、この気持ちのいいサウナを体験すれば納得だ。

温度・湿度ともに絶妙なサウナは、思わずウトウトしてしまうくらいに心地いい。ほうじ茶ロウリュの芳ばしい香りも、ますます気持ちをゆるませる。

地下水を汲んだ水風呂は、まろやかな肌触りが特徴だ。一人用の井戸水風呂もあるので、気分に合わせてサイズを選んで楽しもう。

インフィニティチェアやソファ、あぐらをかける椅子など豊富な休憩スペースがまた嬉しい。扉を開ければ、日本海を眺めながら休むこともできる。

クラフトビール醸造所や美食店とのイベントなど、サウナを楽しむ企画にも注目したい。オーナーの椎谷町とサウナへの愛を感じること間違いなしだ。

INFORMATION

SHIIYA VILLAGE

〒945-0401 新潟県柏崎市椎谷1839
090-6333-1839
10:00 〜 21:30　休 無
¥【貸切】17,600円/最大10人（2時間半）
【パブリック】2,200円/人（2時間半）
【車】北陸自動車道西山ICより約12分
HPより

どうすれば「ととのう」の？

Step
3

水風呂は30秒〜1分程度。
体の一部を浸けるところから

水風呂に入る前に必ずかけ湯や水で汗を流します。水風呂が苦手な人は、まずは足や腰まででOK！手を浸けないだけでもグッと入りやすくなります。肩まで浸かり、呼吸を通して気道を感じたら出る目安ですが、「寒い！」と感じる前に出る意識が大切。水風呂から出たら水滴をしっかり拭きましょう。

休憩は10分〜zzz？
お気に召すままに…

熱いサウナ→冷たい水風呂で血流がよくなった体に一気に酸素が巡ります。頭がふわぁ……として、たとえようのない浮揚感こそ“ととのった”証し。水滴を拭いてしっかり休憩しましょう。冷えないようにポンチョを羽織るのもおススメ。体が落ち着いたら「もう1回、サウナに入ろう！」と思えるはず。そこが2セット目のサウナに向かうベストタイミングです！

Step
4

サウナのメリット

肩こりなどの体の不調や眼精疲労の解消の他、よく眠れる、風邪をひきにくくなる、冷え性などにもよいといわれています。また、交感神経と副交感神経を刺激することで、気持ちも安定します。特に女性に嬉しいのが汗をたくさんかくため、美肌効果が期待できること。また、サウナ後は味覚が鋭くなり、ご飯が最高に美味しくいただけます！

Sauna Tips 2

サウナに入ってみよう

基本的なサウナの入りかた

ステップ2～4を3セットほど繰り返すと、極上の"ととのい"が待っています。
無理せず、自分の体調に合わせて楽しんで

Step
1

まずは体を清め、できたらお風呂へ!

サウナに入る前は体の汚れを落としましょう。お風呂に浸かるのもおススメ。体温を上げておくことで、サウナでも汗が出やすくなります。体を拭いたら、いざサウナへ!

Step
2

サウナは8～10分。決して無理せず!

ご自身の体調に合わせて8～10分程サウナを楽しみましょう。高温が苦手な方は、ベンチの下の段や入口の近くが比較的温度もマイルド。あぐらをかいたり横になったりすれば、上半身と下半身の温度差が小さくなり、体も疲れにくくなります。また湿度が上がり、自分好みの温度に調節しやすいロウリュや、熱から守ってくれるサウナハットもおススメ。
息苦しさを感じたら、タオルを顔に巻くと呼吸が楽になります。

SKY

自然が生みだす一瞬の芸術
天空のパレットに心ときめいて

岩手

ここはサウナのイーハトーヴ

星降る山荘 七時雨《ななしぐれ》山荘

次第に電波の入りも悪くなってくる山の中。七時雨カルデラインを進むと、ポツンと一軒、灯りが点いている。「好きなところを、指さして」。現オーナー・立花さんのおじい様が、広がる草原を前に、奥様に仰った。そして奥様が指で示した場所に「星降る山荘 七時雨山荘」が生まれ、60余年が経つ。岩手のサウナ・イーハトーヴは、お二人が愛した美しい自然の中にある。

サウナ室はストーブからストーン、香り、蒸気に至るまで、オーナー立花さんの“岩手愛”が伝わってくる

作家の宮沢賢治は、「七《なな》時雨《しぐれ》山荘」のある岩手県出身。「どなたもどうかお入りください。決してご遠慮はありません」。『注文の多い料理店』の一節が掲げられた看板の下、扉を開ければタイムスリップしたかのような空間が広がる。

築120年の古民家をリノベーションして造られたサウナの名前は「サウナイーハトーヴ」。イーハトーヴとは宮沢賢治による造語で、意味は〝理想郷〟だ。

サウナ室を開けた途端、白檀《びゃくだん》の香りがフワッと広がり気持ちが華やぐ。「岩手の文化や伝統工芸を用いた、岩手のサウナを造りたかったんです」とオーナーの立花さんが言うように、岩手の薪ストーブの上に南部鉄器の鍋を置いて蒸気を保ち、岩手県産の溶岩をサウナストーンに。岩手の魅力を広く知ってもらうため、あえて県内で産地をばらつかせている。

窓を極限まで小さくしたことで外光が入らず、ダウンライトの優しい光が広がる。このサウナは熱々とはまた違う、包み込まれるようなあったかさだ。

水風呂のこの渋い樽は、
200年続く岩手の酒蔵さん
から譲り受けたもの

室内に設けられたととのいスペース。柱の梁から調度品に至るまで他にはない世界観！

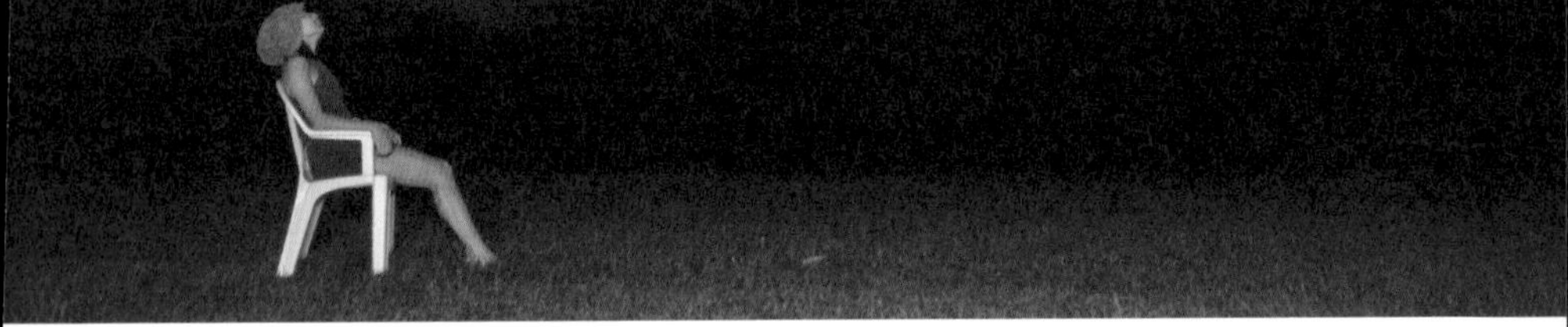

自分史上一番の満天の星々に、胸のドキドキが止まらない。まさに、今にも星が降ってきそう

水風呂の樽は岩手で約200年続く酒蔵さんから譲り受けた。水温は11度ほどとグッと冷たいが、湧き水のやわらかさが肌に気持ちいい。水風呂から上がれば、ここでしか味わえない解放感が待っている。

「周囲7㎞圏内に民家や宿がない上、盆地なので街の明かりも入りにくく、標高も高い。ここは星がよく見える条件が揃《そろ》っているんです」（立花さん）

今までで一番の星空だったのは間違いない。細かな星が連なって、帯のように薄白んだ天の川は肉眼でもよく見える。澄んだ空気を胸いっぱいに吸って、吐いて。デジタルなものが何もない、原風景のような世界の中で、自分がリセットされていく。

「美味しいご飯を食べてぐっすり眠り、気持ちいい朝日の中、目覚める。ここでは自分に素直に、やりたいことをしてほしいですね」（立花さん）

ありのままの自分に戻りたいとき、七時雨山荘に足を運ぼう。決して、ご遠慮はありません。

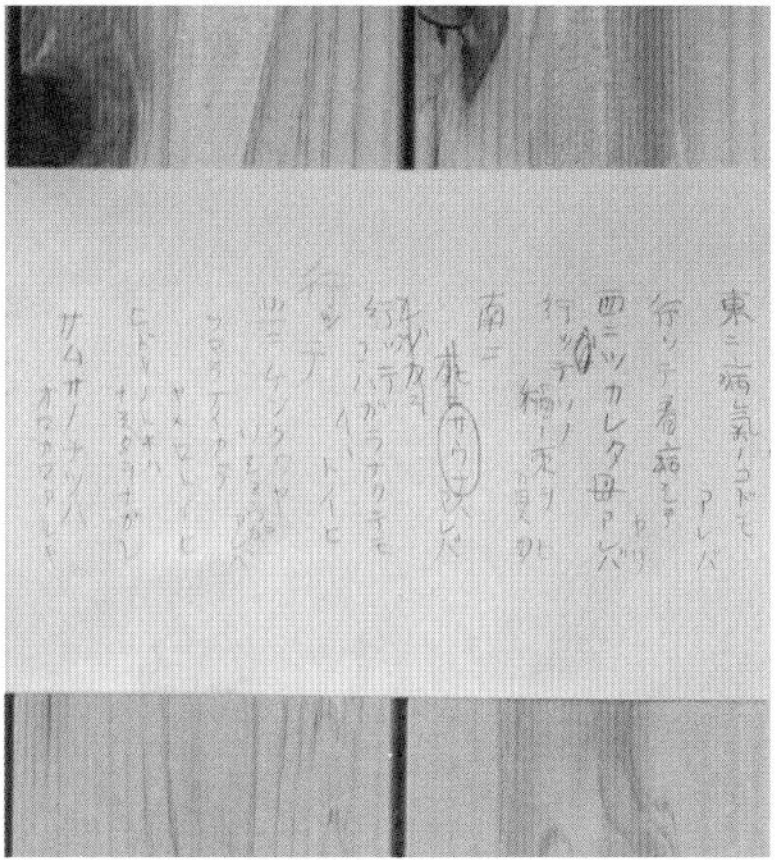

日が沈むと辺りは一変し、しんとした時間が訪れた／囲炉裏にかけられた南部鉄瓶は60年以上前のもの／壁には宮沢賢治の『雨ニモ負ケズ』が貼られている。「サウナ」（「そうな」の歴史的仮名遣い）の囲みににんまり／壁にさりげなく飾られた「わらぐつ」や「かんじき」「蓑《みの》」にも、歴史を感じる

INFORMATION

星降る山荘 七時雨《ななしぐれ》山荘

〒028-7515 岩手県八幡平《はちまんたい》市古屋敷《ふるやしき》96

0195-72-2103 【宿泊】[IN]15:00 [OUT]10:00

【サウナ】15:00 ～ 22:00（要確認）

【日帰りサウナ】11:00 ～ 13:00

休 月～木曜（5 ～ 10月）／冬季通行止めによる休業（11 ～ 4月）

¥【宿泊】15,000円～ 1人（一泊二食付） 【日帰りサウナ】5,000円～ 1人

【車】東北自動車道安代《あしろ》ICより約15分 HPより

山梨

パワーをいただき！富士山外気浴

つながる CAMP RESORT くぅねるたす

テントサウナは自分でストーブに薪をくべるところからスタート。じっくり火を育てていく／鍋の中のハーブも煮出されて、温度も湿度もパーフェクト！　至福の時／水風呂も外気浴も数メートルの範囲内。動線に一切のムダなし！

遮《さえぎ》るものが全くない、絵に描いたような美しい富士山だった。

「つながるCAMP RESORT くうねるたす」は、古くから絶景地として愛され、浅間《あさま》神社の遥拝所《ようはいじょ》である「天空の鳥居」や、パワースポットとしても有名な「母の白滝《しらたき》」にも歩いて行ける、大人のためのグランピング施設だ。

宙に浮くようにせり出したウッドデッキには、宿泊棟の「NEL HOUSE」とBBQ場が併設されている。そして同じ敷地内でテントサウナ*を楽しめるのだ。

サウナは薪が使い放題。自分好みの温度に仕上げ、周りを気にせず自由な時間にサウナを楽しめる。ストーブの上で煮出したハーブロウリュをかけてさらに温度と湿度を上げたら、山の湧き水を用いた水風呂へ。

水風呂は一人用の小型プールなので、設置場所は自分で自由に決められる。柵ギリギリまで持っていけば、目の前で富士山と河口湖を独り占めだ。

つながるCAMP RESORT くうねるたす

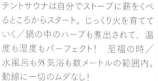

楕円形が象徴的な「NEL HOUSE」は、実はサウナ小屋を改装して宿泊施設にしたもの。サウナ好きにはたまらない宿泊体験だ

外気浴は夕方、夜、朝と、どの時間帯も格別だ。オレンジ色に染まっていく空は少し時間が移ろえば、星空や月だけでなく、河口湖畔の夜景との共演も楽しめる。そして朝には幻想的にたなびく雲海の中、より輪郭を鮮明にした赤富士まで楽しめるのだ。

外気浴をさらに盛り上げるのがＢＢＱと焚き火。予約時にグランピングＢＢＱセットを申し込んでおけば、希少部位のリブフィンガーや、オリジナルビア缶チキンの丸焼き、ブランドポーク、ジビエといった厳選食材の豪華料理が楽しめる。焚き火の揺らめく炎を眺めながら、心ゆくまで休憩するのもおススメだ。

「NEL HOUSE」は実は元サウナ小屋！　サウナ室で寝るというサウナ好きの夢も叶《かな》えられる。部屋の窓からも富士山を眺められるため、目覚めと同時に富士山を拝むことも。

天空の鳥居、母の白滝、そして富士山——。ここには間違いなくいい〝気〟が流れている。

＊テントサウナは2024年5月より利用可能

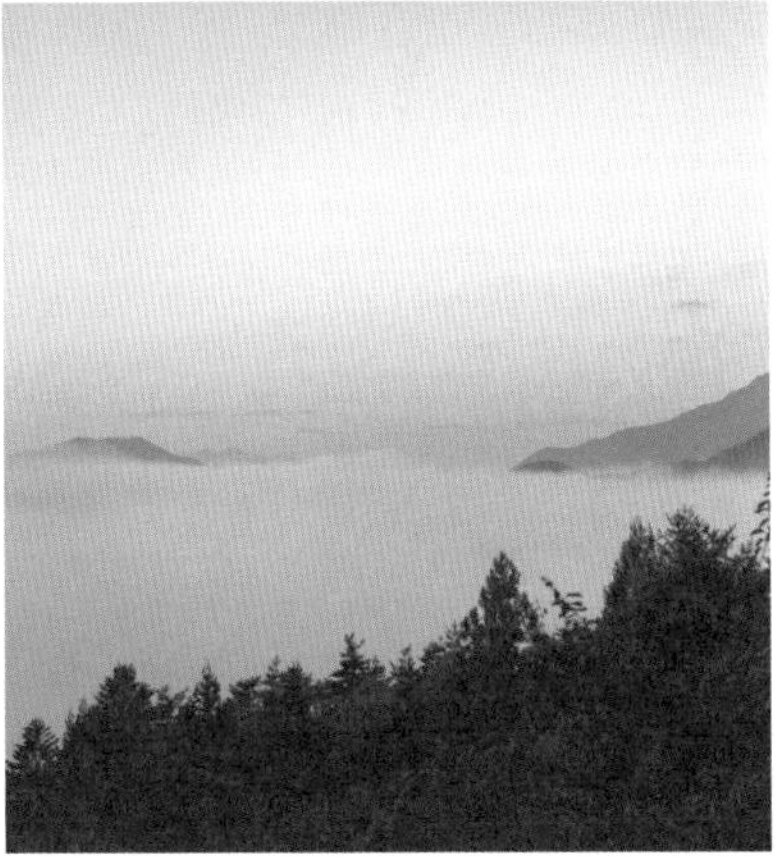

夜は眼下に広がる河口湖畔の夜景を見下ろしながら、朝は幻想的な雲海を間近に見ながらの外気浴／部屋の窓からも富士山がクッキリと。少し早起きをして日の出を待とう／ BBQエリアは持ち込みもOK。オプションでグランピングBBQセットを頼めば、地産地消の豪華グルメが楽しめる

INFORMATION

つながるCAMP RESORT くうねるたす

〒401-0304 山梨県南都留郡富士河口湖町河口2568-1

070-4486-1084 【宿泊】[IN]15:00 [OUT]10:00 休 無

¥【宿泊】18,620円/人～ 【サウナ利用料】11,000円～（詳細は予約時にメールにて案内）

【車】中央自動車道富士吉田線／河口湖線富士吉田西桂スマートICより約25分 HPより

千葉

都心から電車で行ける みんなの楽園サウナ

edén《エデン》

サウナ室は広々として清潔感がある。前面に大きく開口をとった窓からは、勝浦の海が見渡せる

スパの扉を開けたら間違いなく驚く。あちらこちらにインフィニティ！東京から電車で行ける千葉県・勝浦に、こんな絶景があるなんて。

定員8名のサウナ室は広々としていて、大きな窓から見える勝浦の海が美しい。澄み切った香りのオイルでロウリュをし、ぐっと室温を上げよう。

水風呂はサウナ室を出てすぐ隣と、動線も完璧。お風呂では、贅沢にも〝美肌の湯〟といわれる千葉県の「濃溝《のうみぞ》温泉 千寿《せんじゅ》の湯」の運び湯が楽しめる。

「edén《エデン》」の休憩スペースも、推しポイントばかり。まず、勝浦名物ともいえる、リアス式海岸の岩壁と色調を統一した内気浴スペースはシックで広々。オイルの焚き火を眺めれば、1／fの揺らぎを感じてさらにリラックスできる。

そして何より、インフィニティプールからの眺めが素晴らしい。リアス式海岸の入り組んだ岸辺と青い空が楽しめる日中はもちろんだが、あまり知られていないおススメの時間帯は、夕方だ。

マジックアワーの移ろいゆく空と海を眺めているだけで、幻想的な世界に浸れる

夕陽が直接見えない分、日の光を浴びた雲や空のアンニュイな色彩の変化は、いつまでも見飽きない。マジックアワーの時間帯では雲がピンクや紫色を帯びたと思うと、次第に海にもその色が広がり、幻想的な世界が広がる。

さっきまであんなに明るかった空も、少し目を離せば、途端に真っ暗に。そして入れ代わるように、いつの間にかたくさんの星々が光を纏《まと》って空に煌《きら》めきだす。夕方から夜にかけては、二面性のある景色を立て続けに楽しめる、とっておきの時間帯だ。

サウナをたっぷり堪能した後は1階のレストランでお腹を満たそう。勝浦産のブランド米「ふさこがね」で炊きあげたイカ墨のパエリアは、カリッとしたおこげつき。地の食材を使った季節のメニューとお酒を満喫したい。

思い立ったらふらりと訪れ、リフレッシュ。なぜならここはedén。誰にでも開かれた「楽園」なのだから。

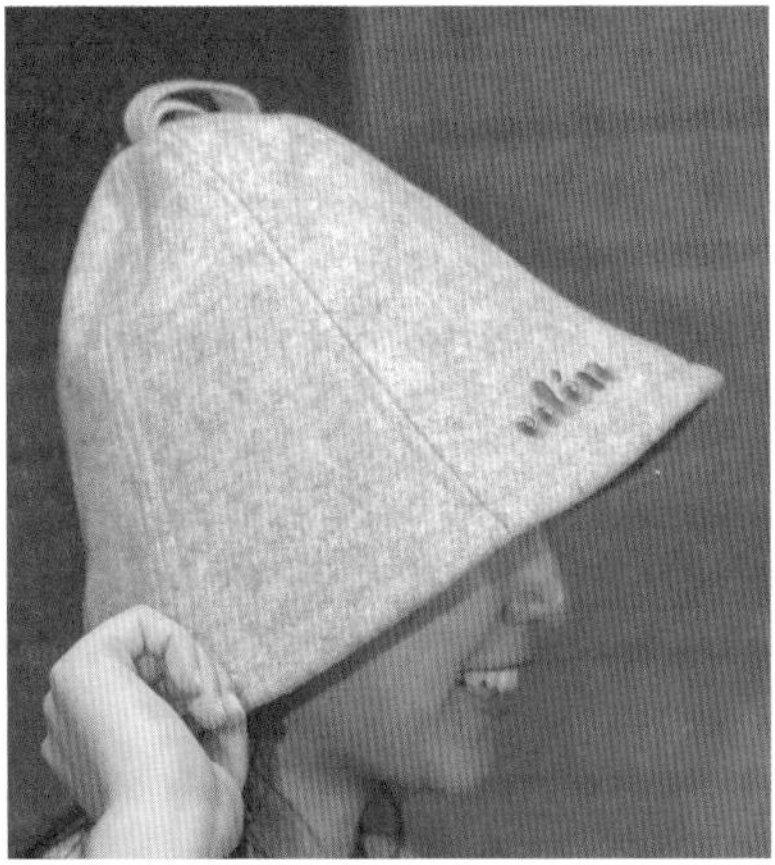

リアス式海岸の岩壁とトーンを合わせた内気浴スペース／日が暮れるとオイルの焚き火に火が灯され、日中とはガラッと雰囲気が変わる／人気メニューのイカ墨のパエリアは勝浦産の「ふさこがね」米を使用／オリジナルのサウナハットは、余剰生産や製造工程で余った生地をリユースしているエシカル商品

INFORMATION

edén《エデン》

〒299-5242 千葉県勝浦市吉尾272 勝浦海中公園内

0470-64-6377

【スパ（サウナ）】10:00 ～ 19:00

【レストラン】10:00～ 18:00（L.O 17:00） 休 天候不良の場合

¥【大人】3,000円/2時間～

【電車】 JR鵜原駅より徒歩約15分／JR勝浦駅よりタクシーで約7分

予約不可（定員に達した場合、入場規制）

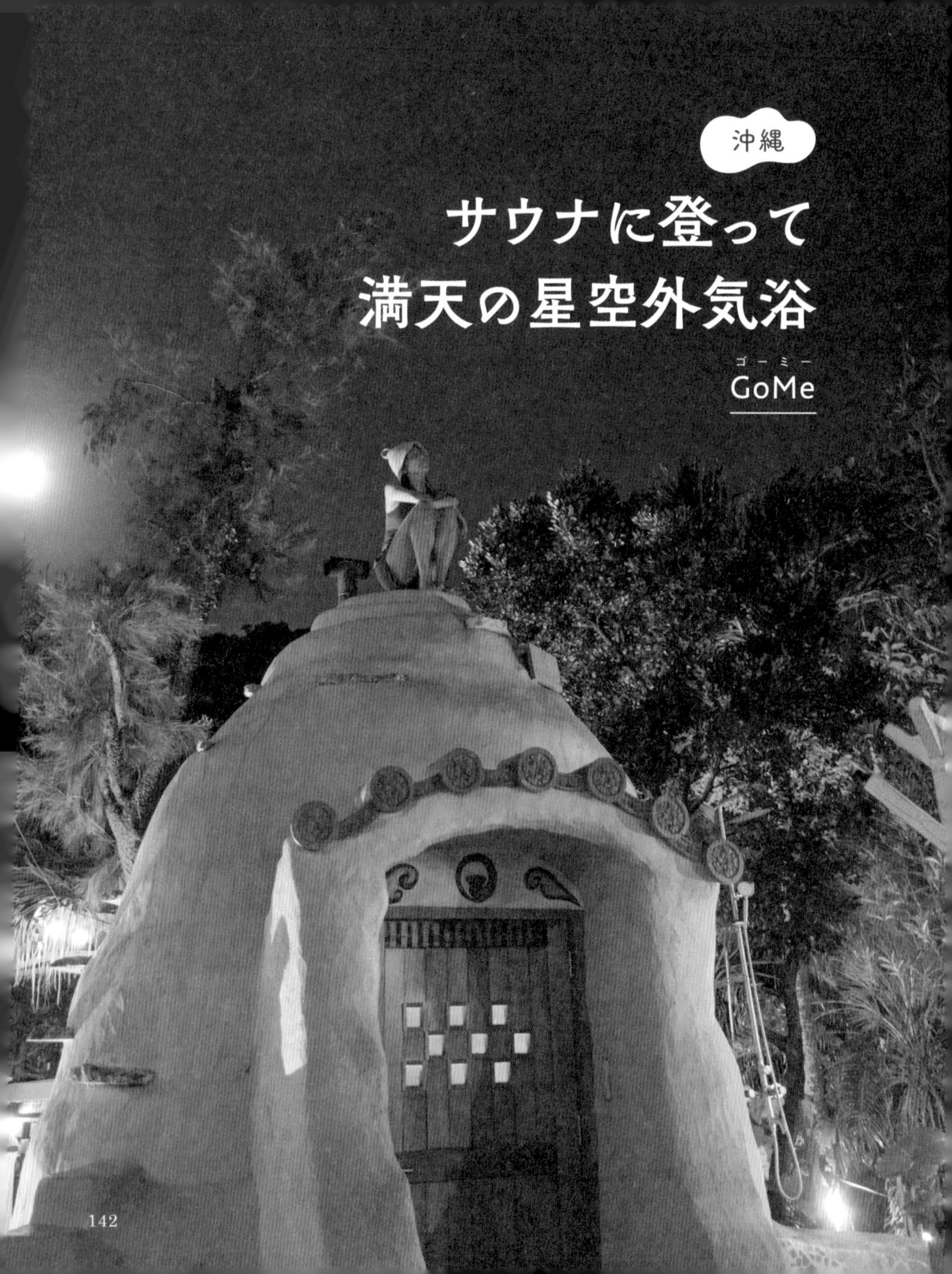

沖縄

サウナに登って満天の星空外気浴

GoMe《ゴーミー》

これがアースバックサウナの中！　収納棚やベンチも同じ土素材で造られている。単純に熱いだけではない、何とも言えないぬくもりを感じるサウナだ

「誰もやったことのないことをやるのが好きで、調べていたら〝アースバック工法〟に辿《たど》り着きました。全く前例がない中、地元のおじいちゃんや子ども、100人くらいで一緒にサウナを造りあげたんです」とオーナーの松井さんは語る。

アースバックサウナとは、土を主材に消石灰《しょうせっかい》や砂などで造られたサウナのこと。輻射熱《ふくしゃねつ》が高く、汗をかきやすいのが特徴の一つだ。また、息苦しさが少ないので、初めてサウナを体験する人にとっても相性がいい。昇った蒸気が上から降り注ぐ造りなので、ムラなく全身にやわらかい熱を浴びられる。他のサウナと一線を画すじんわり感が堪《たま》らない。

ロウリュと水風呂の水は、実は聖なる水だという。「このエリアは龍神様がいる場所だといわれています。湧き水の水源は、龍神様の水なんです」。土地のパワーをいただきながら入る水風呂からは、海へと沈んでいく日の入りがよく見えるが、この他にも、とっておきの絶景スポットがある。

水風呂の底に描かれるのは、この辺り一帯を司る龍神様と宝玉《ほうぎよく》

琉球石灰岩でできた階段を上れば、高さ３ｍのアースバックサウナの頂上へ。「サウナの上で外気浴、というのも前例がなかったので、思い切って造りました。この心地いい風が最高で、秋や冬には気持ちよさがさらに増すんです」と松井さん。

遮るものがない最高の外気浴スポットは、夜には月や星を近くに感じられ、月の模様が肉眼でもわかるほど。解放的な気分の中、日常の些細な悩みは、そのまま空のかなたへと消えていく。

サウナ後は、カフェでオリジナルサウナドリンクの「パワゴ」を飲んだり、カレーを食べたり。ＢＢＱも楽しんで、沖縄の夜を満喫したい。「ここは不思議と面白い人が集まるんです。ぜひ、他のお客様との交流も楽しんでいただきたいですね」（松井さん）。

サウナも、ご飯も、お酒も、宿泊も。欲しいものは全部、GoMeにありました。

オリジナルサウナドリンク「パワゴ」

「サウナに登れたら面白い!」と設置された階段。ドキドキしながら登り切れば、その先に絶景が待っている/カフェで提供される「マサラカレー」は絶品!/サンセットを眺めながらの外気浴。ああ、太陽が海に溶けていく〜/夜になると、吸い込まれそうなほどの満天の星が頭上に広がる

待ってるニャ!

INFORMATION

GoMe《ゴーミー》

〒904-0416 沖縄県国頭《くにがみ》郡恩納村《おんなそん》山田2816

098-989-6953

【宿泊】[IN]15:00　[OUT]11:00　【サウナ】16:00 〜 21:00　休 火曜

¥【宿泊】ドミトリー 3,000円/人〜　個室10,000円/部屋　【サウナ】12,000 〜 20,000円

【車】沖縄自動車道石川ICより約10分　【バス】琉球バス交通山田より徒歩約10分　予 電話より

香川

革新と原点が共存する神聖なるサウナ

SANA MANE

細部に至るまでこだわり抜かれたSAZAEの室内は圧巻のひと言。随所にプロの仕事が生きていた／水風呂はサウナを出てすぐ隣の浅いプールか、少し歩いた先にある瀬戸内海を／外気浴スペースには木製のリクライニングベンチが備え付けられている。中でもヤシの木陰は特等席♪

建築を隈研吾事務所が設計し、プロサウナー集団TTNE監修のもと生まれたサウナが、「SAZAE《サザエ》」だ。5000枚もの合板を積み重ね造られた曲線美に、自然と手が伸びる。

SAZAEに入って驚いたのは温度と湿度。こんなにも天井が高く広い室内にもかかわらず、湿度も温度もしっかり保たれている。ロウリュは束にしたフレッシュハーブに水を含ませて。ストーブの上で細かく震わせれば、摘みたてのミントからブドウのような甘さを含んだ爽やかな香りが広がる。オーナーの眞田《さなだ》さんが、大きなヤシの葉を団扇《うちわ》代わりにして扇《あお》ぐと、やわらかな風がサウナ室を舞った。

トップから、一筋の光が差し込む。神聖にして、荘厳。革新的でありながら、サウナの原点のような空気感が共存する。不思議と帰りたくなる場所だ。

自分が今やりたいことに耳を傾け、その場で予定を決めるサウナ旅もいい。焦らずとも、直島もSAZAEも、いつでも受け入れてくれるのだから。

INFORMATION

SANA MANE《サナマネ》

〒761-3110 香川県香川郡直島町2182
087-813-3177　14:00〜19:00　休 不定休
¥【宿泊＋サウナ】48,400円〜/2人
直島宮浦港より徒歩10分またはタクシー5分（P 1,000円/1台　要予約、タクシー利用は台数に限りがあるため予約必須）
HPより（サウナ利用は予約プランで選択）

山梨

標高1200mの清里で星空絶景を独り占め！

88PEAKS《エイトピークス》

サウナストーブに積み上がるサウナストーンの下に、実は超巨大ストーンが隠れており、蓄熱の働きをしている／インフィニティチェアはお客さんからのアドバイスを踏まえて設置場所を微調整／水風呂は頭上からのちょろちょろ水が気持ちいい。冬には－10度になる日もあり、厚さ5cmの氷ができることも！

特注で作られたサウナ室はアシンメトリー形で、左側は腰かけベンチ、右側は寝転がれる。

ここでは二度、全く異なるロウリュが楽しめる。「一番人気はCBD*ロウリュです。特別にブレンドしたオーガニックのCBDで、とてもリラックスできますよ」と、オーナーの小野島さん。

オリジナルCBD入りの水を器にたっぷり注ぐと、溢れた水は勢いよく蒸発。アロマロウリュとは全く違う、すうっと気持ちが緩む。CBDロウリュ、ただものではない！初めての感覚。

二度目のロウリュではオリジナルブレンドのオイルを。人気の「フローラル」はゼラニウムやローズの華やかさとフレッシュさに驚くこと間違いなしだ。

水風呂では、頭上に細く滴る水を楽しむ。勢いよく浴びるのとはまた違う、優しい気持ちよさだ。

あちこちに置かれたインフィニティチェアは、星空を楽しむ絶景スポット。八ヶ岳の美しい四季の移ろいを、サウナを通して味わいたい。

＊植物の麻から抽出される「カンナビジオール」と呼ばれる成分の一つで、心身を落ち着かせリラックス効果があるとされる

サ飯におススメのタコス！

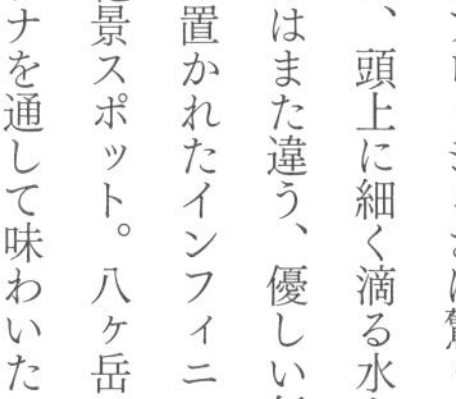

INFORMATION

88PEAKS《エイトピークス》

〒407-0301 山梨県北杜《ほくと》市高根町清里3545-5521

070-1511-1616

【宿泊】[IN]15：00　[OUT]11：00　【サウナ利用】10：00～21：30（150分）

休 水曜

¥【宿泊】18,000円/人～　【サウナ利用】11,000円/人～

【車】中央自動車道須玉ICより約20分

【電車】JR清里駅よりタクシーで約5分　HPより

富山

没入感ハンパなし！土の中のサウナホテル

The Hive《ハイブ》

こちらのサウナは高温を楽しむIRORI。特注ストーブを囲炉裏のように囲んで温まる／水風呂も土の中から地上を眺めるような目線にあり、絶好の没入感スポット！／インド出身アチャさん特製のスパイスカレーはマストメニューの一つ。これを食べるまでが、The Hive流サウナのフルコース！

一日一組限定、半地下に建てられた土の中のサウナホテルが、「The Hive」だ。滞在中はサウナが入り放題。飽きずに楽しめるようにと、サウナは高温サウナの「ＩＲＯＲＩ」と、寝っ転がってゆっくり過ごせる中温サウナの「ＥＮＧＡＷＡ」の２種類が用意されている。

ロウリュオイルは、敷地内で蒸留したラベンダーと檜の２種からお好みで。ラベンダーは少し甘さがあり、揮発すると上品な雰囲気に。檜の爽やかさと涼やかさは朝ウナとの相性もバッチリだ。

サウナから水風呂「INFINITY」への動線も完璧。中央の水深は１３０cmと、潜れる程の深さはサウナ好きのツボを押さえている。

休憩では目の前に土や草花が広がり、自然の一部になったかのよう。壁の階段を上ってハッチを開ければ、風を感じる屋上外気浴も堪能できる。インド出身アチャさんのカレーはマストで頼もう。薫り高いスパイスカレーの虜になること、間違いなしだ！

INFORMATION

The Hive《ハイブ》

〒930-3213 富山県中新川郡立山町日中上野18

070-8813-6905

【宿泊】[IN]16:00　[OUT]10:00　【日帰りサウナ】12:00 ～(1組限定)／宿泊予約がない場合のみ7:00 ～ 22:00(2時間半、3日前から予約可能)　休 無　¥【宿泊】90,000円～ /2人　【日帰りサウナ】25,000円/2 ～ 6人(2時間半)　【車】北陸自動車道立山ICより約20分

HPより

千葉

満天の星に大満足のグランピングサウナ

ISUMI Glamping Resort & Spa SOLAS

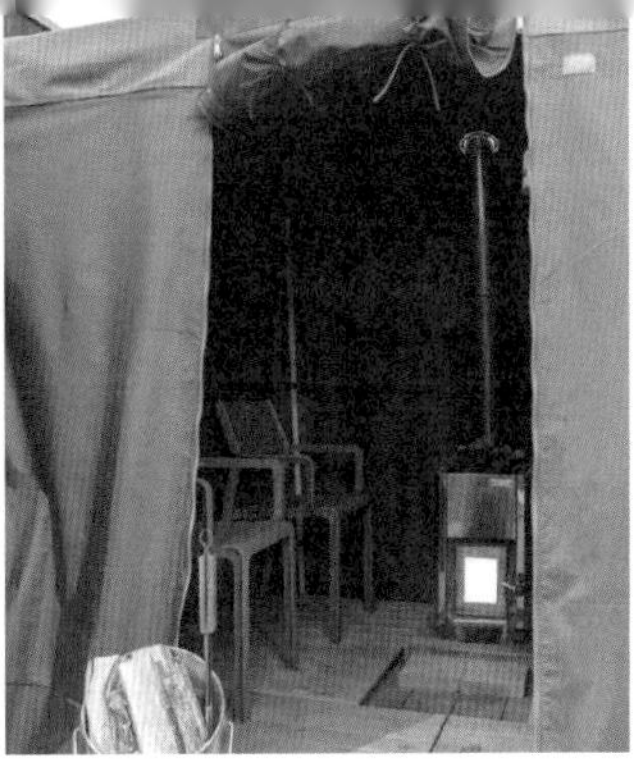

SAVOTTAのテントサウナは中も広々。温度はマイルドな熱さの80度ほど／水風呂は1 ～ 2人用サイズ。水温20度なので、小さなお子さんでも安心／いすみ市は地形的に光害が少なく、空を遮る高い山もないので、満天の星が見える条件が整っている。夜はぜひ、外気浴をしながら星空を眺めたい

星

空観察に最適な見晴台《みはらしだい》あり、室内から星空を眺められるドームテントあり、水盤を鏡に見立て、星空が映しだされるスポットありと、まさに星づくし。そんな「SOLAS《ソラス》」では夜の時間帯もアウトドアサウナを楽しめる。

水着に着替え、「SAVOTTA」のテントサウナへ。天井が高いので、圧迫感も少ない。ロウリュでは「Rento《レント》」の7種の香りから好きなものをチョイス。マイルドな室温は年齢や性別を問わず、のんびり蒸されるのにもってこいだ。

水風呂の水温は約20度程と、こちらも水風呂デビューにピッタリ。受付で渡されたガウンをさっと羽織れば、体を冷やさずスムーズに休憩できる。

サウナの後は季節ごとの星を案内してくれる星空案内人に、星座を教えてもらおうかな。だけど大浴場のサウナと、露天風呂も捨てがたい……。長い夜をどう楽しむか、ゆっくり考えるとしよう。

INFORMATION

ISUMI Glamping Resort & Spa SOLAS

〒298-0015 千葉県いすみ市釈迦谷《しゃかやつ》1610-1
0470-62-5151　【宿泊】[IN]15:00　[OUT]11:00
【サウナ】15:00 ～ 21:00　休 無
¥【グランピング宿泊】27,500円/人～　【テントサウナ】3,300円/人
(※テントサウナ利用はグランピング宿泊者のみ)
【車】首都圏中央連絡自動車道市原鶴舞ICより約40分
当日予約のみ(フロントにて)

千葉

海でも遊べる！ 元気になれるリゾートサウナ

Ranta

定員4名のバレルサウナ。こだわりの大型ストーブのお蔭でしっかり熱さをキープ／休憩はハンモックの他、ウッドデッキもおススメだ／一宮の海もすぐそばなので、海水浴やマリンスポーツを楽しむのも◎

200坪の芝生に、真っ白な家と抜けるような青空のコントラストが映える。自然と気持ちも解放されていく。

「BURROW」のバレルサウナは定員4名のところ、6～8名サイズのストーブを設置して熱さをキープ。ストーブの上には水入りの石壺を置き、湿度も一定に。噴霧機でアロマ水を放出すると、細かな霧は一瞬で蒸気に早変わり。一気に体感温度も上がる。

地下水を溜めた水風呂は夏場でもひんやりとした冷たさ。さらに水温を下げたい方には氷水も用意されているので、ご安心を。

徒歩圏内で海に行けるのも魅力の一つ。ひとしきりサウナやBBQを楽しんでから、サーフィンに繰り出す方もいるのだそう。

誕生日や記念日といった特別な日に利用する場合は、飾りつけやケーキの準備も相談できる。いいことがあったら報告をしに、気持ちが沈んだら元気をもらいに。いつでも皆で、「Ranta」に来よう。

INFORMATION

Ranta《ランタ》

〒299-4301 千葉県長生郡一宮町一宮

無　11:00 ～ 17:00

不定休

¥【日帰りサウナ(120分)】12,000円～/4人

【1日貸切(5時間)】40,000円～/5人まで　他

【電車】JR外房線上総一ノ宮駅より車で約8分

Instagram DMまたは公式LINEより

富山

立山連峰とともに暮らすように楽しむサウナ

くらすサウナつるぎ

ゴロ～ンと寝っ転がり、風にたなびく田園風景を眺める／オプションで運び湯を頼めば、温泉露天風呂に早変わり。湯冷めしにくい泉質で、とにかく温まる。沈む夕日との組み合わせは最高！／えんがわ外気浴をしていると、夕ご飯のいい匂いがふわぁ～っと漂ってきた。本当にここで暮らしているみたい

伝統的な木造建築の一軒家を貸切し、宿泊以上移住未満の富山生活が楽しめる。もちろん、キッチンも洗濯乾燥機も、テレワーク環境もバッチリ完備。加えて、サウナのある日常が体験できてしまうのが「くらすサウナつるぎ」だ。

はなれにある木造サウナ小屋はここに住めるのでは？　というほどの快適さ。「つるぎサウナ」では立山連峰が見える角度に窓が設けられており、青々とした山々も、満天の星々も、見逃す心配はない。「ぷーる水風呂」は前方に剱岳《つるぎだけ》の景観が楽しめ、深さも広さもバッチリ。希望者は水橋温泉を運び湯し、露天風呂も満喫できちゃうという至福。

美味しい空気の中での「えんがわ外気浴」では、上市川のせせらぎがBGM代わり。また、薪ストーブを囲んで内気浴もできるので、寒い日も安心。富山名物の鰤《ぶり》しゃぶをいただきながらゆったり過ごせば、これからの生活を見直すヒントが見つかるかもしれない。

名物鰤しゃぶ！

INFORMATION

くらすサウナつるぎ

〒936-0844 富山県滑川市寺町185-1

076-462-0611　【宿泊】[IN]15:00　[OUT]11:00

休 無　￥80,000円～/6人まで

【車】北陸自動車道滑川ICより約5分／富山駅より約30分

HPより

北海道

北海道の山の中 サウナと温泉、満喫の旅！

芦別《あしべつ》スターグランピング

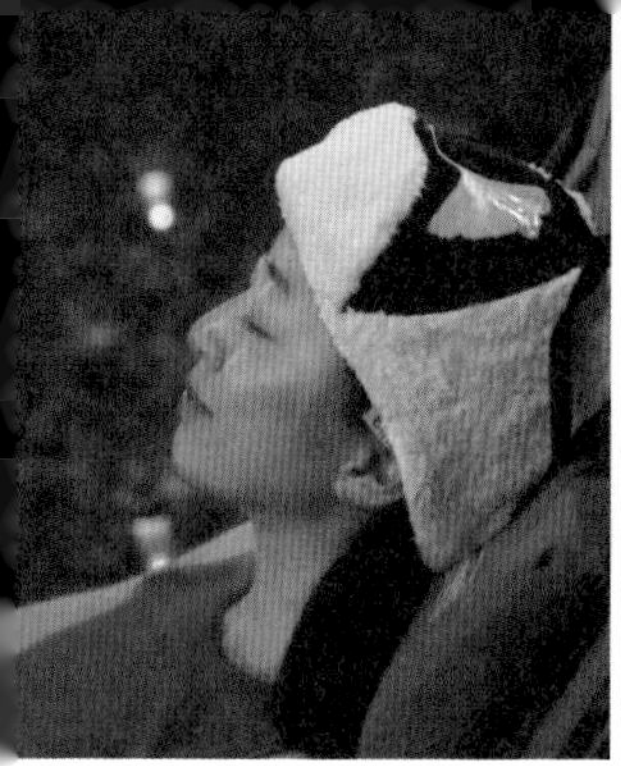

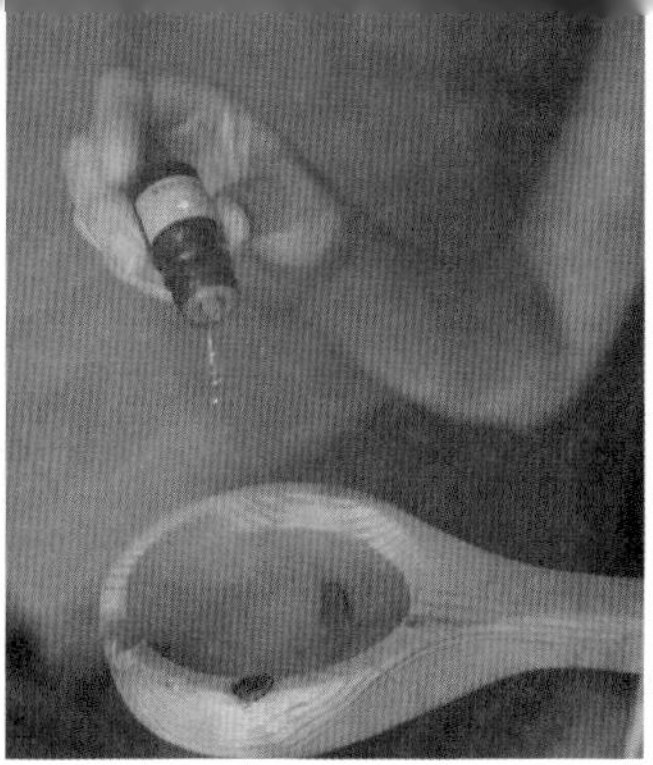

定員4名のバレルサウナは、ロウリュをすれば一気に室温も上がる／ロウリュ用のアロマは3種類から好みに合わせて。施設オリジナルの他、北海道で精製された「はぐりら」のアロマも／気持ちよく外気浴をしていたら、イチョウの葉っぱも一緒に休憩

山の中にある、「芦別スターグランピング」は、夜にはバレルサウナもライトアップ。サウナ室の窓から見える夜の森が非日常感を高める。アロマは3種類から選べ、〝星に願いを〟と〝あしべつの森〟は当施設オリジナル。優しい香りでロウリュをして、一気に体感温度を上げよう。

秋冬は水風呂がなくなるが、その分外気は10度以下と、クールダウンには十分。黄色く色づいたイチョウの木の下で、あるいは焚き火をしながら外気浴を楽しみたい。冬は1mほど降り積もったパウダースノーにダイブ！　これも北海道ならではだ。

宿泊者は、敷地内にある系列ホテルの大浴場も利用可能。サウナや冷泉水風呂、そして星空を存分に味わえる露天風呂もある。天気がいいと空一面がプラネタリウムのように星で埋め尽くされるという。

芦別は、旭川や富良野といった観光地へのアクセスも抜群。芦別を拠点にした道央サウナ旅を計画してみるのはいかが？

INFORMATION

芦別《あしべつ》スターグランピング

〒075-0035 北海道芦別市旭町油谷1

0124-23-1155　【宿泊】[IN]14:30　[OUT]10:00

【サウナ】15:00 ～ 23:00 ／翌6:00 ～ 10:00(2時間)

不定休　¥【宿泊】22,000円/人～

【サウナ】5,000円/組(2時間)～

【車】道央自動車道滝川ICより約35分

HPより

サウナで飛びかう用語集

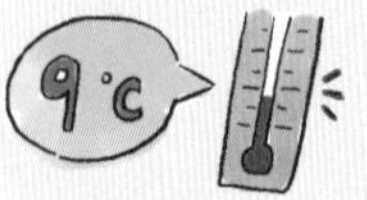

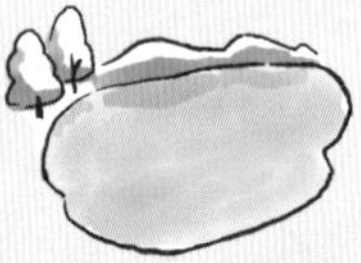

グルシン
水風呂の水温が10度未満（1ケタ＝シングル）のこと。雪の中でのアウトドアサウナや、川・湖・湧水などを水風呂代わりにしている施設で出合えることが多い

トントゥ
北欧の妖精で、サウナにいるトントゥは“サウナの守り神”ともいわれている。サウナストーブのストーンに紛れてちょこんと置かれていることも

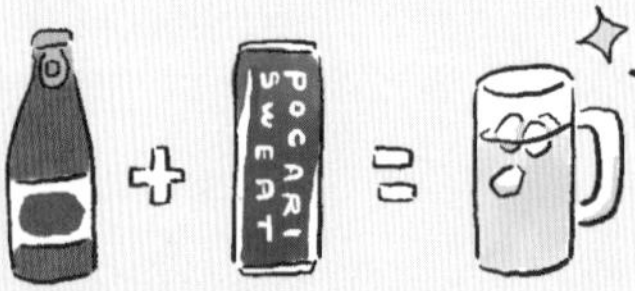

オロポ
サウナドリンクの代表格で、オロナミンCとポカリスエットを割って作る飲み物。汗で失われたビタミンを効率よく補給でき、微炭酸の爽やかさと、ほんのり甘い後味がサウナで乾いた体にぴったり！

サ飯
サウナ中やサウナ後に食べるご飯のこと。味覚が研ぎ澄まされたサウナ後のご飯は、格別なものがある。好きなサウナ施設を語る上でサウナ飯はセットで登場することも多く、「一番好きなサ飯は？」はサウナーが集う飲み会の鉄板ネタ

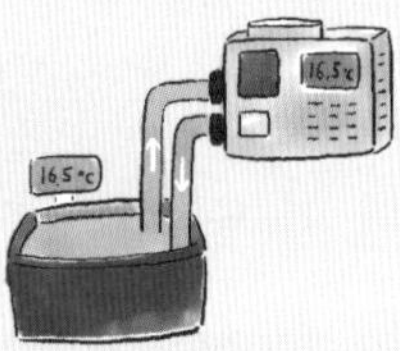

産湯《うぶゆ》
初めてととのったサウナ施設のこと。「どこが産湯？」という会話もサウナーの間でよく聞かれる。この本の掲載施設が、あなたにとっての産湯になりますように……

ととのう
サウナ→水風呂の後の休憩で訪れる、他では得られない極上のひととき。穏やかな気持ちになり、頭の中が「しあわせ〜」で満たされる。幼少期を思いだして泣く人も！？

チラー
水温を一定温度に冷却する装置。「チラー入ってます」と聞いて喜ばないサウナーはいない。バッチリととのうように、オーナーさんこだわりの水温に設定されていることが多い

Sauna Tips 3 知ればもっと楽しくなる

基本のサウナ用語13選

サウナーがよく使うサウナワードをピックアップ！
これさえ押さえておけば、今日からあなたもサウナーの仲間入り！？

あまみ
熱いサウナ→冷たい水風呂に入ることで血管が拡張・収縮し、血流の流れがよくなることで浮かびあがる、赤いまだら模様のこと。サウナと水風呂の温度差があるほどあまみがくっきり出るので、あまみの出具合で「いいサウナだなぁ〜」としみじみすることも

ロウリュ
フィンランド語で「蒸気」を意味し、サウナストーブの上で熱くなったストーンに水をかけ、蒸気を発生させる行為

ラドル
ロウリュをする際に用いる柄杓（ひしゃく）のこと。施設によって個性が出るグッズの一つでもある。サウナ室に入れたままにしておくと、持ち手が熱くなることがあるのでご用心

羽衣
サウナ→水風呂に入ったときにできる、体を覆う薄い温度の膜のこと。羽衣のお蔭で水の冷たさも次第に和らぐ。人がいる場合は、相手の羽衣を壊さぬようそっと入水して

アウフグース（熱波）
ドイツ発祥の文化で、ロウリュをして立ちあがった蒸気をタオルなどで仰ぐこと。アウフグースのパフォーマンスをする人をアウフギーサー（熱波師）という

ウィスキング
白樺やオークなどの枝葉を束ねたウィスク(フィンランド語でヴィヒタ)で行うリラクゼーションマッサージ。揉み込みや叩き、さすりなどによって、血行促進やリラックス効果が期待できる

Special Interview

@Sauna Sanctuary

サウナ芸人こと
サバンナ高橋茂雄さんに聞く

進化する日本のサウナ 次に行きたいのは!?

芸能界屈指のサウナ好きとして知られる、サバンナの高橋茂雄さん。
ご自宅にはもちろん、別荘にも専用のサウナを持ち、
毎日欠かさずサウナに入るという高橋さんに、絶景サウナ旅の思い出や、
新婚旅行で行かれたフィンランドのお話などをお聞きしました。

絶景からローカルまで！思い出に残るサウナ旅

――この本では、絶景が見られるサウナ施設を紹介しているんですが、高橋さんにとって、日本の〝絶景サウナ〟といえば、どこですか？

高橋　以前行ってよかったのは、日《ひ》間《ま》賀《か》島《じま》の「きの助 島のサウナ」ですね。あそこは外気浴場から海が目の前に見えるんです。何より海の幸がやばい。宿にも泊まったんですけど、ミル貝とかふぐがめちゃくちゃ美味しくて、サウナも食事も最高に楽しめました。

　あとは、**北海道の洞爺湖**もよかったですね。ホテルの最上階にサウナと露天風呂があるんです。夏の洞爺湖って毎日花火が上がるんですよ。湖の上の船から花火をバンバン上げるんで、洞爺湖沿いの宿は花火当たるんちゃうか？　っていうくらいの至近距離で。花火を観ながらととのいましたね。

――花火とサウナの組み合わせは感情を揺さぶられますね！　高橋さんはサウナ旅にもよく行かれていますが、思い出に残ったサウナ旅はありますか？

高橋　最近だと**諏訪湖のフローティングサウナ***ですね。諏訪湖のほとりで待ってたら、主催のTABI-SAUNAさんたちが『パイレーツ・オブ・カリビアン』の曲で登場して（笑）。「なんやこれ！」ってなったんですけど、楽しませようっていうホスピタリティを感じて。もはや男性はジャック・スパロウにしか見えんようになって（笑）。エクストリームなサウナ旅でした。

　あとは**愛媛のサウナ「天然温泉シーパMAKOTO」**も忘れられないですね。地元の人しかいない海辺のサウナ施設なんですけど、露天風呂の目の前がビーチなんです

よ。「これ、俺、裸でおって捕まれへんの?」って、急にヌーディストビーチにいるみたいな感覚になりましたね。

土地が違えば全く趣が変わるのがサウナのよさで、面白いサウナは本当に日本中、たくさんあるなあと思います。

サウナ好きは皆、兄弟! フィンランドで教えられたこと

——高橋さんといえば、タレントの清水みさとさんとの「サウナ婚」も話題になりました。2023年のお正月に新婚旅行で行かれたフィンランドのサウナはいかがでしたか?

高橋　面白かったですねぇ。フィンランドは日本のサウナと全然違って水風呂もないし、お風呂もない。アウフグースもなくて超自然派なんです。

ほんますごいなと思ったフィンランドの絶景は、**湖のほとりにあるサウナ**です。ここはパブリックの施設で、誰でも無料で自由に使っていいっていう、皆に守られてるサウナの国の国宝みたいな場所で、2023年最初のサウナとして元旦の朝に行ったんです。

初日の出がバーンって上がった朝、湖のサウナに、タトゥーだらけのフィンランド人が薪を入れてたんですよ。お~、今年一発目のサウナはここやな、どんな温度なんやろうと思って、服着たままサウナ室に入ったら、タトゥーおじさんがバッと俺の前に来て「出て行け!」ってすごい剣幕で引きずり出されて。新婚旅行でフィンランドに来たのに、本場の人にブチギレられて。俺、何かしたかな?ってすごいショックで。でもみさとちゃんが理由を聞いたら、「あいつ、ダウンを着てただろう?もし火が燃え移ったら、あいつは丸焦げだ。サウナを愛する奴が火だるまになるのを見たくなかっただけ。すぐにあいつを呼んでくれ!」って。涙目でもう一度サウナ室に入ったら、「どうしたんだ、BOY。お前も俺も、サウナが好きだ!」って抱き合いました(笑)。結果、最高の元旦になりましたね。

男も女も、サウナに入れば強制すっぴん!

——日本にも、フィンランドのように男女で一緒に入れるサウナが増えてきましたよね。魅力は何でしょう?

高橋　人間関係って、どうしても着飾るじゃないですか。でも、サウナは強制すっぴんやし、普通やったらなかなか見せへん姿を見せ合いますよね。間

違いなく、距離縮まると思うんですよ。

——確か、奥様との初めての出会いもサウナだったとか？

高橋　そうそう。初めてみさとちゃんと会ったのは男女で入れるサウナだったんですけど、やっぱりドキドキするじゃないですか。ドキドキして顔赤なって緊張して汗かくのと、サウナに入って心拍数が上がって汗かいてんの、どっちがどっちかわからへんからすごいしゃべりやすかったんです。男同士、女同士でも一緒にサウナに入ったら、間違いなく仲良くなれると思います。

——同感です！　サウナは〝裸の付き合い〟に近いものがありますからね。

日本のサウナは発展途上
これからもっと進化する！

——今、気になっている、日本の絶景サウナやサウナ旅の次の候補地は？

高橋　大分の「稲積水中鍾乳洞サウナ」は行ってみたいですね。鍾乳洞水風呂は代えがたい体験だと思います。他にも屋久島の「sankara hotel & spa 屋久島」や、沖縄の「亜熱帯サウナ」も気になってます。あ、「暖の地獄サウナ」も行ってみたいので「九州絶景サウナ旅」ってことでまとめて行こうかな。

　日本でロウリュが浸透したのってまだ最近なんですよね。だから、日本のサウナはさらに進化すると思います。どんなことになるか、楽しみです。

——お話を伺っていたら、私もまたサウナ旅に行きたくなってきました。今日はありがとうございました！

訪問した施設はこちら

Sauna Sanctuary

都心の屋上で貸切サウナを楽しめる。天気がいいと富士山を拝めることも。会員は宿泊やBBQプランの他、ナイトサウナや早朝サウナも堪能できる

〒165-0027 東京都中野区野方6-11-1

【日帰りサウナ】9:00 ～／ 12:00 ～／ 15:00 ～／ 18:00 ～(2時間半)
【宿泊】21:30 ～翌10:00　休 木曜　¥【ビジター】24,000円～ /2人まで
【会員】年会費120,000円(初回利用料込)＋1回あたり13,600円～ /3人まで
【電車】西武新宿線野方駅より徒歩約5分　HPより

＊「旅×サウナ」をテーマに、絶景地のアウトドアサウナの魅力を発信する男女２人組「TABISAUNA」によって、2023年夏に期間限定でプロデュースされたサウナ施設

Special Report
暖の地獄サウナ(大分)

ブームからカルチャーへ！
こだわりサウナで地域の魅力発信

現在、日本のサウナは〝第三次ブーム〟とされ、サウナ愛好家は約1600万人に上る。このうち、月に1回以上サウナに入るのは700万人以上*1という人気ぶりだ。

中でも、〝地方サウナ〟が熱い。地域資源を活用したサウナの他、食事や宿泊、観光にも力を入れることで、わざわざ足を運びたくなるご当地サウナが続々と生まれているのだ。

実際、サウナ愛好家がサウナに行く理由の半数以上は「休日のリラックス目的」*2。さらに近年は、サウナは一人で行く場所から誰かと一緒に行く場所*3へと変わりつつある。

人々が旅行に行く動機として最も多いのが「日常からの解放」*4であることも踏まえると、日常から離れてリラックスする旅先として、親しい人と一緒に行く地方の「サウナ旅」が人気を集めるのもうなずける。

地方サウナは、今、どのような盛り上がりをみせているのだろうか。

＊1 日本サウナ総研調べ(2022年)より　＊2・3 アソビュー！調べ(2023年)より　＊4 JTBF旅行者調査(2022年)より

北海道、鳥取、大分…サウナで地域の魅力をアピール

例えば北海道の十勝「サ国」プロジェクト。十勝の宿泊施設や病院などが連携し、2020年、サウナをテーマにした日本初の地域振興団体「十勝サウナ協議会」が立ち上がると、複数施設をお得に周れるサウナパスポートの発行や、〝フィンランドサウナフェスin TOKACHI〟を開催した。同協議会の発起人となった北海道ホテルでは、稼働率が下がる冬の集客を狙ってフィンランド式サウナを取り入れたところ、日帰り入浴客数の売り上げが約6倍に増えたという。

全国に広がるサウナで地元を盛り上げる動き

鳥取県では「ととのう とっとり」と称して「Aufguss Championship Japan＊5」で日本一に輝いた女性熱波師・五塔熱子《ごとうねつこ》氏と一緒に、県をあげサウナツーリズムを推進する動きもある。

一方、盛り上がりをみせるご当地サウナとサウナーをつなぐ企業が日本航空。フライトとサウナ利用券がセットになった〝JALサ旅〟や、日本各地のサウナ体験を届けるサウナメディア『日本全国ご当地サウナ委員会』などでサ旅を後押しする。

地域のみならず企業や行政も一丸となってサウナによる地域活性化を推進しているが、次ページでは日本中のサウナーから注目を集める施設を紹介する。元々は限られた時期しか利用できなかったある〝モノ〟が、サウナのお陰で一年中体験できるようになったのだという。

一体、どんなモノなのだろうか……。

＊5 ヨーロッパで開催されているアウフグース世界大会 (AUFGUSS WM) に公式参戦するための日本予選

100年先も愛される場所へ
冷泉を通年資源に変えた
老舗のチャレンジ

「始まりは174年前、傷を負った猿が霊泉（霊験《れいげん》のある冷泉）に入っているのを見つけたことでした。ごく最近までは、霊泉入浴後にボイラー室で暖をとる、いわばサウナと逆の営みをして、病に効く湯治場《とうじば》（寒の地獄温泉）として愛されてきたんです」と四代目館主の武石さんは語る。

しかしそれでは、13度という霊泉の冷たさに耐えられる夏場しか開放できない。そこで、50年、100年後も霊泉が愛されるための入り方として新たに作ったのが「暖の地獄サウナ」だ。

サウナの基本の型は「サウナ→水風呂→外気浴」。熱いサウナ、冷たい水風呂、休憩中の外気浴は、五感を刺激し、身体感覚をフル活用できるのが醍醐味だ。だからこそ、わざわざ赴く価値がある。その点、寒の地獄温泉の霊泉は、サウナ好きには垂涎《すいぜん》ものだ。

霊泉は一年を通して、水温が13〜14度。さらに特徴的なのはその水量で、毎分2tもの源泉がこんこんと湧き上がる。これは流れの激しい川と同じくらいの水量で、体感温度は0度とも。骨の髄まで冷え、まさに〝地獄〟のような水風呂なのだ。

しかし、これを「天国!」と捉えるのがサウナ好き。サウナと水風呂で体感温度の急上昇・急降下の先には、究極の〝ととのい〟が待っているからだ。

水資源が豊かな日本では、サウナの後に水風呂に入るという、サウナの本場・フィンランドにもない文化が醸成されてきた。武石さんはそんな日本のサウナ文化と、水風呂としても稀有な存在である霊泉の価値を世界中に広めたい、と意気込む。

この冷泉のように、当人たちには当たり前すぎて見過ごしてきたものが、サウナにおいては貴重な〝ととのい資源〟に変わることがある。

次は、あなたの街にご当地サウナが誕生する番かも?

INFORMATION　暖の地獄サウナ　大分県玖珠郡九重町田野257番地　休 水曜　¥［日帰り］2,500円〜/人

Private

絶景サ旅のその後は…
貸切できる
とっておきのサウナたち

京都

世界に一つの温浴ワンダーランド

ぬかとゆげ

5つあるサウナのうち、寝転んで全身温められるのが「のこせっと」(NOKOSET)。フィンランド語で「昼寝」という意味／「のこせっと」「ゆふでっさ」で楽しめる水風呂2種のうち、鉄分豊富な「鉄水風呂」は天然地下水を利用／「たうこ」の休憩スペースは、北欧テイスト満載。ゆったり寛げる

自律神経失調の予防として、医学博士の吉岡直樹先生が着目したのがサウナと酵素風呂。その両方を楽しめるのが「ぬかとゆげ」だ。

サウナはなんと全5種類。寝転んで全身を満遍なく温められる「のこせっと」、好きな動画を観られる「ゆふでっさ」、車椅子の方も利用可能なバリアフリーサウナ「よかいねん」、和テイストな「へとき」、フィンランドの世界観を楽しめる「たうこ」だ。

水風呂は汲みあげ天然水で優しい肌あたりが特徴。さらに「のこせっと」「ゆふでっさ」利用者はキンッと冷たく鉄分豊富な鉄水風呂も併せて楽しめる。

サウナ後にこそ入りたいのが酵素風呂。腰痛や冷え性といった体の悩みに合わせた糠《ぬか》をかけていく。ふっかふかの米糠に包まれると、じんわり気持ちいい温かさ。体の奥底から自分を労《いた》わっている感覚だ。

サウナも酵素風呂も、楽しければ習慣になる。そうして健康な人を増やしたいという吉岡先生の願い通り、帰る頃には身も心もぽっかぽかになっていた。

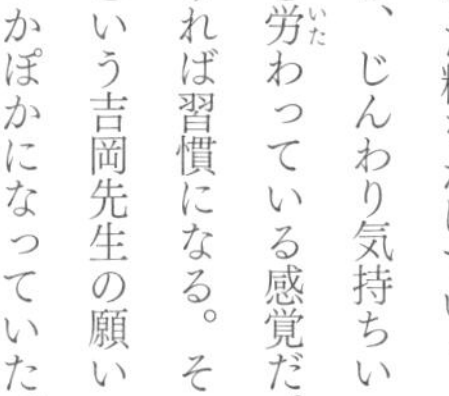

INFORMATION

ぬかとゆげ

〒627-0012 京都府京丹後市峰山町杉谷941-1
0772-66-3988　【サウナ】6:00 ～ 0:40
【酵素風呂】8:40 ～ 18:20　休 第2・4木曜
¥【のこせっと／ゆふでっさ】4,800円/室(60分)　【よかいねん】4,200円/室(60分)　【たうこ／へとき】3,900円/室(60分)　【酵素風呂】5,500円～
【車】山陰近畿自動車道京丹後大宮ICより約15分　【電車】京都丹後鉄道峰山駅より徒歩約10分　HPより

京都

日本最古の蒸《むし》湯《ゆ》文化に想いを馳せて

moksa《モクサ》

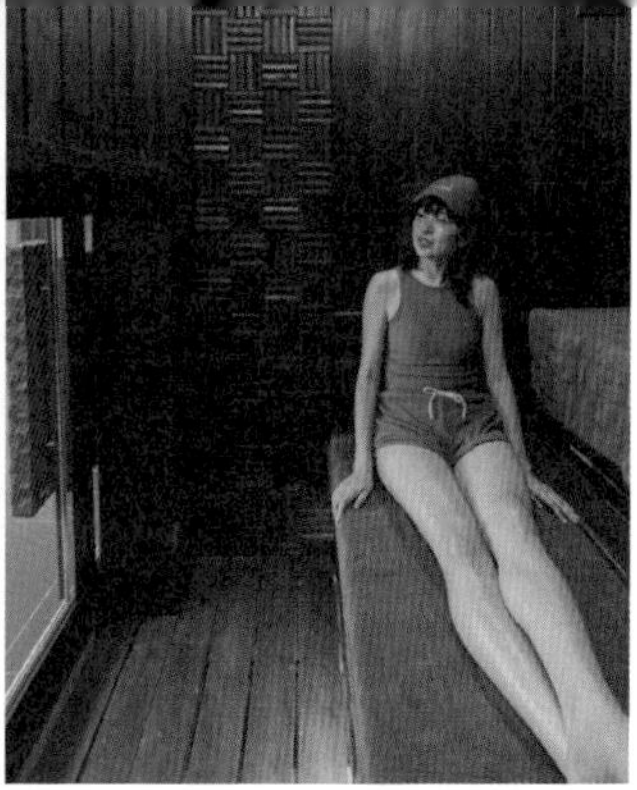

「炭化した薪」をイメージした「炭蒸」のサウナ。入口は茶室のようなにじり口スタイル／水風呂のボタンを押すと、冷水が！　滝行気分が味わえる／お風呂に入りながらぼうっと中庭を眺めたい

宿名の「moksa《モクサ》」は、サンスクリット語で「解脱《げだつ》」や「解放」を意味する。宿にサウナを造ったのは、元々この八瀬《やせ》の地に「窯《かま》風呂」という日本最古の蒸湯場《むしゆば》*があったためだ。

サウナは全3種類。「炭蒸《たんじょう》」は女性が炭を頭に乗せ、京まで運ぶ「小原女《おはらめ》」の風習に着想を得た。「檜蒸《ひじょう》」はmoksaから程近い比叡山《ひえいざん》に多く自生する檜がテーマ。そして「美蒸《びじょう》」は特殊なライトを用いたミストサウナで、体内のコラーゲンを活性化させ、美白効果などが期待できる。

いずれも地下水を利用した水風呂で、脇にあるボタンを押すと……頭上から水が！　頭の中の雑念は降り注ぐ水とともに流れ、祓《はら》われていく。

遥か昔むかしの人たちも、この土地でととのっていたのかな。千年の歴史に想いを馳せながら、私はゆっくり目をとじた。

*効能のある温泉の蒸気を体に浴びる蒸気浴のこと。湯船に浸からないため長時間の利用が可能で、体の負担が少ないというメリットがある

INFORMATION

moksa《モクサ》

〒601-1255 京都府京都市左京区上高野東山65
075-744-1001　【サウナ利用】7:00 ～ 23:00（90分）
休 不定休　¥【炭蒸】宿泊19,800円／日帰り28,600円～　【檜蒸】宿泊16,500円／日帰り25,300円～　【美蒸】宿泊13,200円　【日帰り】22,000円～　【車】京都駅より約40分　【電車】叡山電鉄八瀬比叡山口駅より徒歩約6分／比叡山ケーブル八瀬駅より徒歩約7分
HPより

福島

想像の斜め上をまっしぐら!「ととのい」のその先へ

サウナ発達

ストーンの上に置かれた牛の置物にロウリュ（通称モウリュ）をすると、牛が「キュルキュル」と鳴き声をあげる／水風呂に入る前に、このお面に気持ちを持っていかれる人、多数…（もちろん、私も）

このサウナは「生きているサウナ」だとオーナーの川口さんは言う。土でできたアースバックサウナは天候に左右されやすい一方で、蓄熱に優れ、高湿度が保たれる。寝っ転がれば背中から優しいやわらかな熱がじんわり伝わる。

水風呂では川を源流とした地下水を。ミネラルや鉄分を多く含む水質で、水温は13度と体の芯まで響く冷たさなのに、不思議と長く浸かれて病みつきになる気持ちよさがある。

「サウナ発達」では〝宿巣《やどす》〟での宿泊も楽しみたい。癖強《くせつよ》なのに調和のとれた大広間は、ゴロゴロ過ごすのにもぴったりだ。

「僕は元々、芸人だったんですけど、今でも広義では芸人なのかなって。自分ができることで、誰かに笑ってもらえるのが大好きなんです」と川口さん。露天風呂の新設など、まだまだやりたいことはてんこ盛り。これからもみんなが楽しいほうへ、「サウナ発達」は〝発達〟し続ける。

謎の噴霧師「快楽の妖精」！

INFORMATION

サウナ発達

〒975-0008 福島県南相馬市原町区本町3丁目21

0244-26-5160 【宿泊】[IN]15:00 [OUT]11:00

（サウナ利用は15:00 ～ 21:00／翌6:00 ～ 10:00）

【日帰りサウナ】15:00 ～ 20:00（5時間貸切）

休 不定休

¥【宿泊】42,900円～/1人 【日帰りサウナ】23,400円～/2人まで

【車】常磐自動車道南相馬ICより約7分 HPより

東京

都会の真ん中で密やかなサウナタイム

hotel hisoca《ヒソカ》 ikebukuro

コンセプトは「自分らしく、心穏やかになれる場所」。滞在を楽しみ、癒やされてほしいという思いから、全室でサウナを楽しめるようにした。

サウナは2種で、部屋タイプによって異なる。ミストサウナは低温度なので、サウナが苦手な人でもゆっくり体を温められる。一方、ドライサウナはストロングな90度。

広々としたテラスの水風呂でクールダウンをしたら、バスローブを羽織って天窓からの陽の光を楽しもう。

どこを切り取っても絵になる空間で、大切な人とのホテルステイを満喫したい。

INFORMATION

hotel hisoca《ヒソカ》 ikebukuro

〒171-0021東京都豊島区西池袋1-10-4
03-6692-8181 【宿泊】[IN]15:00 [OUT]11:00
休 無 ¥25,200円～/室
【車】首都高速道路中央環状線西池袋ICより約5分／首都高速道路5号池袋線北池袋ICより約7分
【電車】池袋駅西口(南)より徒歩約2分
HPより

福岡

大正浪漫の喫茶宿でタイムスリップ・サウナ

旅する喫茶うきは

白壁造りの町家《ちょうか》や土蔵《どぞう》が並ぶ中、ひときわ目立つブルーの暖簾《のれん》。築100年のお屋敷はサウナ併設の喫茶宿として新たな歴史を紡ぎ始めた。

サウナ室の扉を開けると、まだ新しい木の香り。エンブレムが刻印されたサウナストーンへロウリュをし、じんわり汗をかく。「うきは」の水は肌あたりもよく、浸かればそのやわらかさがよくわかる。

看板メニューのクリームソーダは、ほんのり甘いバニラアイスとメロンソーダが口の中で混ざり合い懐かしさ満点。ひと口含めば、気分は大正時代にタイムスリップだ。

レトロ風味のクリームソーダ

INFORMATION

旅する喫茶うきは

〒839-1321 福岡県うきは市吉井町1410-10　無

【宿泊】[IN]16:00　[OUT]10:00

【サウナ利用】宿泊者のみ、滞在中は制限なし　休 火・水曜

¥【宿泊】34,100円～ /1室（最大8人）

【車】大分自動車道 朝倉ICもしくは杷木《はき》ICよりともに約10分

【電車】JR久大《きゅうだい》本線筑後吉井駅より徒歩約5分

HPより

福岡

サウナで蒸されて酒米気分

うきは酒宿《さかやど》いそのさわ

日本酒・磯乃澤《いそのさわ》の現役の酒蔵の隣で、サウナと宿泊ができるのが何よりの魅力。まずは酒米よろしく〝精米〟＝チェックインからスタート！

地下水のシャワーで〝洗米〟をしたら、酒樽サウナのロウリュで〝蒸米〟を。お次は酒の醸造タンク水風呂で〝浸漬《しんせき》〟。酒の仕込み水でもあるうきはの水は、まるみが肌で感じられるやわらかさだ。

すっかりサウナを満喫したら、飲み放題の日本酒・磯乃澤をたっぷり味わいたい。〝出荷〟＝チェックアウトまで、時間はまだまだ。酔人の夜は更けていく。

INFORMATION

うきは酒宿《さかやど》いそのさわ

〒839-1404 福岡県うきは市浮羽町西隈上2-4
080-6781-8727
（総合受付のため「うきは酒宿いそのさわの件」と伝える）
【宿泊】[IN]14:00　[OUT]11:00
休 月・火曜　¥【平日】77,000円～ 14人まで
【車】大分自動車道杷木《はき》ICより約20分／【電車】JR久大《きゅうだい》本線うきは駅より徒歩約4分　HPより

京都

京都の伝統技術を町屋のサウナで

sayoka

100年続く工務店の技術があってこそ生まれたサウナだ。体にぴったりフィットする座椅子に寝転がり、焙煎ほうじ茶の香りに包まれよう。

特注の檜樽水風呂は深さ90cm。水温は16・5度にキープされ、パーフェクト！

休憩は頭上まで広がる〝やたら編み〟の下で。1本約3mの竹を一定の法則で編みあげた職人技に惚れ惚れしてしまう。網目に吸い込まれるうちに、ばっちりととのえる。

京の伝統技術が町屋に集い「サウナで最高の余暇を」というコンセプトを支えている。

屋根の上には守り神の鍾馗《しょうき》さん

INFORMATION

sayoka《サヨカ》

〒602-8319 京都府京都市上京区溝前町83

無　9:00 ～ 23:00（140分）　休 月曜

¥【平日】［10:00 ～ 15:20］15,400円／［16:00 ～ 21:20］17,600円【休日】［9:00 ～ 17:20］17,600円／［18:00 ～ 23:00］19,800円（3人以上から追加料金）　【タクシー】祇園より約20分　【電車】京福電鉄嵐電《らんでん》北野線北野白梅町《はくばいちょう》駅より徒歩約15分

HPより

熊本

肥後づくしの和サウナでオトナ時間

湯屋 水禅《すいぜん》

「湯屋 水禅《すいぜん》」のプライベートサウナ「浴司《よくす》」は、日本文化と熊本らしさが詰まっている。

畳と檜の香りが広がる茶室のようなサウナ室には、日本製のサウナストーブに阿蘇山の溶岩石が堂々と鎮座。オリジナルアロマは緑茶の成分を含み、柑橘の優しい香りが気持ちを和らげてくれる。

地下水から汲みあげた水は、驚くほどまろやか。自然の恵みを感じながら、檜の浴槽に身を委ねよう。

休憩では名産の和紅茶を。こっくりとした甘さの奥に広がるフレッシュな香りに、癒やし効果も倍増する。

INFORMATION

湯屋 水禅《すいぜん》

〒862-0950 熊本県熊本市中央区水前寺5丁目5-1 松屋別館 2F　096-213-1331

[浴司(プライベートサウナ)]7:00 ～ 24:00

休 不定休　¥【平日】10,000円～ 【休日】11,000円～(5人まで)

【電車】JR水前寺駅より徒歩約12分　【車】九州自動車道熊本ICより約15分／益城熊本空港ICより約13分

HPより

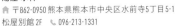

愛知

ミモザに癒やされるハイセンスな隠れ家サウナ

mimodamasauna

2年の月日をかけた手作りのサウナは、細長い窓から入る自然光が優しく室内を照らす。青レンガや窓際に置かれたシーサー、入口のひょうたんなど、センス溢れる小物のチョイスにもキュンとする。

サウナ室の目の前のバスタブ水風呂で、クールダウン。水風呂を上がって緑のアーチを抜けたら、大きなミモザの樹が生える外気浴スペースへ。木漏れ日が楽しめる昼も、ライトアップされる夜も、どちらも魅力的だ。

居心地のよいラウンジでは、個展やイベントも開催予定。ミモザの花咲く春が楽しみだ。

INFORMATION

mimodamasauna

〒454-0982 愛知県名古屋市中川区西伏屋2-1313
無　8:00 ～ 21:00（2時間）　休 無
¥【平日】2,000円/人　【土日祝】2,500円/人（2 ～ 6人まで）
【電車】JR春田駅より徒歩5分　Instagramのより

岡山

江戸時代の景観と楽しむ 屋上グランピングサウナ

yaora

倉敷の歴史的美観地区内の、ビル屋上に造られたサウナ併設グランピング施設が「yaora」だ。サウナ室にあるのはTylo《ティーロ》の電気ストーブ。白樺オイルのロウリュ水をかけて湿度と温度をキープしよう。

水風呂はジャグジーつき。露天風呂として利用するのも、もちろんOK。階段の踊り場では吹き抜ける風を感じながら、古きよき街並みを見下ろせる。夜にはオリジナルのタコスやパエリアを食べながら、プロジェクターで映画を観たり、焚き火に癒やされたり。仲間と語らいながら、何度でもサウナを楽しみたい。

INFORMATION

yaora《ヤオラ》

〒710-0046 岡山県倉敷市中央1-9-4 クオーレ倉敷別館屋上　086-486-3443

【日帰りサウナ】15:00 ～ 21:00【宿泊】[IN]15:00　[OUT]11:00

休 無　¥【日帰りサウナ】30,000円（6人まで）【宿泊】[平日]40,000円～［土日祝]50,000円～（6人まで）

【徒歩】JR倉敷駅より徒歩約15分【バス】両備バス倉敷吉岡線大原美術館前より徒歩約2分　HPまたは電話より

北海道

世界初！温泉&サウナに入りながら野球観戦!!

tower eleven onsen & sauna

サウナ室の扉を開ければバットがずらり！ 湿度高め、3段ベンチ、セルフロウリュ可能な仕様はサウナ好きも大満足。入口手前では〝立ちサウナ〟&野球観戦もできる。ここは、球場併設のサウナだ。

水風呂は広々としており、併設された温泉は地下1300mから湧き出たモール泉*で保湿効果も抜群。

「ととのえテラスシート」からフィールドを一望すれば、開放感に胸も高鳴る。大切な仲間同士での貸切利用も、忘れられない思い出になるはず。世界でここでしか味わえない時間を存分に楽しもう。

*植物性有機物を豊富に含む源泉で北海道遺産にも指定。美肌に効くとされる

INFORMATION

tower eleven onsen & sauna

〒061-1116北海道北広島市Fビレッジ1番地TOWER 11 3F
無　【通常】11:00 ～最終入場20:30
【デーゲーム開催】11:00 ～ 21:00
【ナイター開催】11:00 ～ 14:30／16:00 ～最終入場21:00　年中無休
¥【一般温浴】2,500円～　【試合がある日】4,000円～
【貸切利用】50万円～（4時間、貸切料金は変動制、要問合せ）
【車】新千歳空港より約40分　HPより

京都

サウナ×アートで自分の無意識と向き合う

6ishiki《ムイシキ》

美しい霧の街、亀岡。この地を100年見守る古民家を改装したのが「6ishiki《ムイシキ》」だ。六角形の特注ノブを引くと、サウナ室を照らすのは六角形の窓の光。ストーブに小さな柄杓《ひしゃく》でそっと水をかければ、自然と丁寧な時間が生まれる。

　地下水を溜めた水風呂は夏場もひんやり爽快。総檜の壁の向こうには青い空が抜ける。休憩はオリジナルハーブティーを片手に、六角柱の鏡に映る景色の変化を楽しみながら。各所に飾られるアート作品がさらに意識を研ぎ澄ましてくれる。穏やかな時間に身を委ね、自分を見つめ直したい。

INFORMATION

6ishiki《ムイシキ》
〒621-0013京都府亀岡市大井町並河2丁目737
0771-55-9285
【宿泊】[IN]16:00　[OUT]11:00
【サウナ利用】16:00 ～ 22:00 ／翌5:00 ～ 10:00
休 無　¥【宿泊】[本館]42,800円～ /2人
【電車】JR並河駅より徒歩約10分
【車】京都縦貫自動車道亀岡ICより約6分　HPより

石川

都市と自然が交錯する 金沢のルーフトップサウナ

香林居《こうりんきょ》

定員4名のサウナはベンチの高低差や横幅が異なり、体感温度の調整が可能。施設内で蒸溜した、白山麓の杉の蒸溜水でロウリュを。自然由来の甘い香りは唯一無二だ。

扉を開けたら水風呂、お風呂、休憩スペースがコンパクトにまとまっている。水風呂は夏季と冬季で水温設定を変えているというきめ細かさ。

10階のルーフトップからは発展した都市と金沢城を囲む緑が望める。2枠連続で予約して、ゆったり過ごすのもいい。サウナ後は施設の方におススメスポットを聞き、古都金沢の魅力を探しに行こう。

INFORMATION

香林居《こうりんきょ》

〒920-0981石川県金沢市片町《かたまち》1-1-31

076-209-7766

【宿泊】[IN]16:00　[OUT]12:00

【サウナ利用】[宿泊者]15:00 ～ 24:30／翌7:00 ～ 10:30

[日帰り]11:00 ～ 14:30(90分)　休 無

¥ 7,480円/枠(90分、推奨人数4人)

【車】JR金沢駅より約10分　HPより

長野

日本一の星空のもと 心ゆくまでサウナ三昧

天然温泉 阿智 星降りの宿 やま星

二段ベンチのサウナ室は、定員2名ながら広々とした空間。おしゃべりをしながら、ゆったりサウナを楽しめる。

井戸水を溜めた水風呂は、夏場は20度程と、ビギナーでもトライしやすい水温だ。

ここ阿智《あち》村は環境省認定の「日本一星空がきれいな村」。休憩では、ひらけた空の下で星空鑑賞が堪能できる。

サウナの他に、標高1400mでの星空ナイトツアーも魅力の一つ。春は阿智名物の花桃《はなもも》、夏はSUPなど季節ごとのアクティビティも充実。阿智村の自然に触れ、エネルギーをチャージしよう。

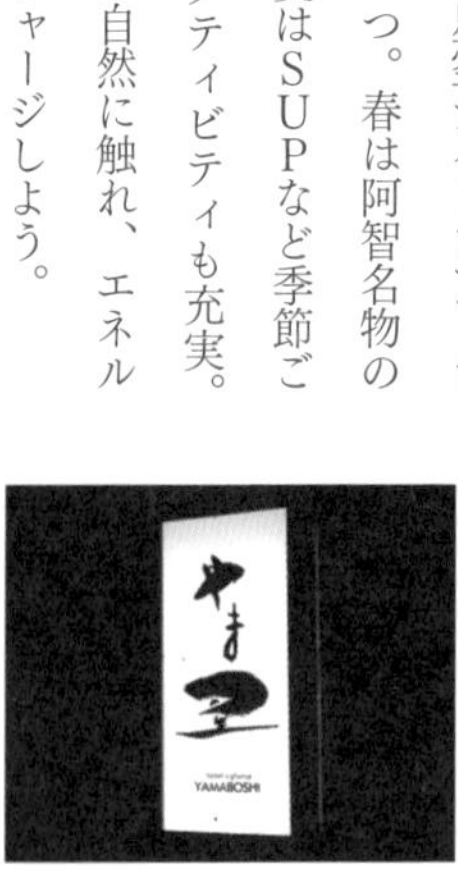

INFORMATION

天然温泉 阿智 星降りの宿 やま星

〒395-0303長野県下伊那郡阿智村駒場2007

0265-49-8098

【宿泊】[IN]15:00　[OUT]10:00

【サウナ利用】15:00 ～ 23:30(90分)

休 火曜

¥【宿泊】33,000円～　【日帰りサウナ】2,200円～/人(2人まで)

【車】中央自動車道飯田山本ICより約10分　HPより

愛知

アートとサウナが運命的に出合う外気浴

旅館平野屋

プライベートサウナは落ち着いた「tya」《チャ》と、真っ白な「shiro」《シロ》の2つ。サウナ室の温度は0・5度単位で設定でき、ロウリュ用のアロマは白樺やハニーレモンなど全4種類。水風呂は氷を投入しながら、自分好みの水温に調整していく。室内は、照度や音楽も調整できるなど、こだわり派には嬉しい機能が満載だ。

外気浴ではアート鑑賞をしながらバニラアイスと岩塩を。自然の中に置かれたアートは、苔むす様などの経年変化も見どころの一つ。意識が研ぎ澄まされるサウナ後こそ、鑑賞を通して自分と対峙《たいじ》したい。

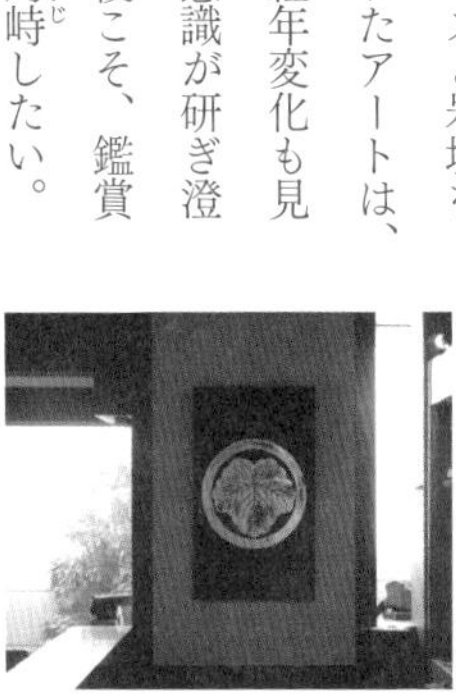

INFORMATION

旅館平野屋

〒443-0021 愛知県蒲郡市三谷町南山1-21

0533-68-5161 【宿泊】[IN]15:00 [OUT]10:00

【プライベートサウナ】14:00 ～ 21:30(90分)

休 無 ¥【宿泊】6,600円～/人(2人以上)

【日帰りサウナ】[プライベート]3,000円～/人＋11,000円/室

【車】JR名古屋駅より約50分／東名高速道音羽《おとわ》蒲郡《がまごおり》ICより約20分

電話より

福岡

中洲の屋台に繰り出す前にひと汗かいておきましょう

SAUNA OOO《オー》 FUKUOKA

中洲川端駅から抜群の立地にある「OOO《オー》」は、福岡初の男女一緒に入れる個室サウナだ。「△《さんかく》」のサウナ室は、コンパクトな畳空間。2人でストーブを囲んでいると、普段はしない話もしたくなる。

水風呂は常温でもしっかり冷たい18度。冷凍庫3段分の氷も自由に使える。

畳に横になり、カーテンを閉めて灯りを落とせば、眠ってしまいそうな心地よさ。

ReFa のドライヤーやヘアアイロンも完備しているので、飲み会前でも問題なし。至高の一杯を求めて、もう1セットといきましょう。

INFORMATION

SAUNA OOO《オー》 FUKUOKA

〒810-0801 福岡県福岡市博多区中洲5丁目2-5 サフィール許斐 6F

無　8:00 ～ 23:40　年中無休

¥【△(サンカクの部屋)】4,500円～ /人(100分)

【○(マルの部屋)】5,000円～ /人(100分)

【□(シカクの部屋)】9,000円～ /人(120分)

【電車】地下鉄空港線中洲川端駅より徒歩約1分

HPより

東京

仕事も食事も宿泊も…サウナをいつも真ん中に

SAUNA & co

「SAUNA & co」のサウナ室は、ダークカラーの材質と間接照明が相まって、自然と気持ちが落ち着く。ロウリュはオリジナルアロマかお茶、それぞれ3種からチョイスできるなど、選択肢が多いのも嬉しい。

水風呂は備長炭入りで、肌あたりも優しい。厚みのある〝追い氷〟を足せば、水温をグッと下げて楽しめる。

観葉植物に囲まれながらの内気浴。しっかりととのったら、施設内のカフェやワークスペースを利用してもいいし、上階のホステルに泊まってもいい。いろんなシーンで訪れたいサウナだ。

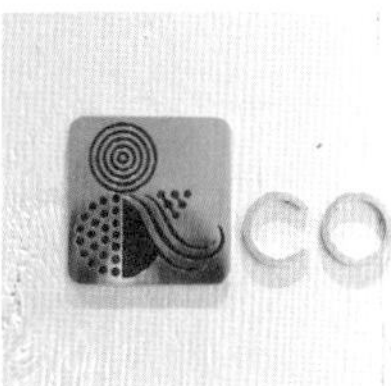

INFORMATION

SAUNA & co

〒111-0051 東京都台東区蔵前4-21-2

03-5829-9980　9:00 ～ 23:00

休 無　¥【&aroma】【&tea】一般6,000円～1人(70分)／会員4,000円～1人(70分)他　【&co】一般15,000円/3人まで(90分)／会員12,000円/3人まで(90分)

【電車】都営浅草線・都営大江戸線蔵前駅より徒歩約4分　HPより

おわりに

ここまでお読みいただき、本当にありがとうございます。

行ってみたい旅先や、サウナには出合えましたか？

全国のサウナを巡って私が感じたのは、
どのサウナも本当に「あったかい」ということでした。
サウナは生活インフラのように、生きていく上で必須のものではありません。
けれど、サウナに入れば心が、体が、どんどん元気になります。
そして行動や発言がちょっとだけ前向きになり、
また一歩、前に踏みだすエネルギーが湧いてくると思うのです。

あなたにも、

「あのサウナに行けば、自分を取り戻せる」

「またあのオーナーさんに会いたい」

「サウナの後の、あのご飯のために！」

……という場所が一つでもできれば、
きっと、いつでもあったかい気持ちになれるのではないかと思います。

本書がそんなサウナとの出合いのきっかけになったら、最高に嬉しいです。

最後に……取材や撮影に快くご協力いただいた施設の皆さん、
本当にありがとうございました。
そして、時に朝早くから車を出してくれたお父さん、
レモン飴《あめ》や干し梅など、せっせと塩分補給グッズを差し入れしてくれたお母さん、
サウナ旅に送り出してくれた会社の皆さん、
夜遅くまで帰宅を待ってくれていたタクヤくん、ありがとうございました。
何より……超無謀とも思えたこの企画に即参加を決めてくれて、
最高に素敵な写真を撮影してくれた佐々木麻帆ちゃん。
あなたがいなければ、
こんなに楽しい本は出来上がりませんでした。
本当にありがとう！

どの施設さんも、サウナを存分に温め、
あなたを待っています。
ぜひ、素晴らしいサウナと、
奇跡のような絶景との出合いがありますように。

購入者特典

LINE「友だち追加」で本書未収録のスペシャルコンテンツが届く！

1 QRを読み込んで、LINEの「友だち追加」をタップ

2 秘密のワード「絶景サウナ旅」を入力

3 購入者特典リンクが届いたら、データをダウンロード

本書の続きはぜひ、あなたご自身で……
素敵なサウナ旅へ、行ってらっしゃい！

絶《ぜっ》景《けい》サウナ旅《たび》

著　者　　川邊実穂（かわべ・みほ）
写　真　　佐々木麻帆（ささき・まほ）
発行者　　押鐘太陽
発行所　　株式会社三笠書房
〒102-0072 東京都千代田区飯田橋3-3-1
電話 03-5226-5734（営業部）
03-5226-5731（編集部）
https://www.mikasashobo.co.jp
印　刷　　誠宏印刷
製　本　　若林製本工場
ISBN978-4-8379-2963-5　C0030